# PIERRE VALDO

ET

# LES PAUVRES DE LYON

PAR

## B. TRON

MINISTRE DU SAINT ÉVANGILE

PIGNEROL

IMPRIMERIE CHIANTORE ET MASCARELLI

1879

# PIERRE VALDO

ET

## LES PAUVRES DE LYON

PAR

### B. TRON

MINISTRE DU SAINT ÉVANGILE

PIGNEROL

IMPRIMERIE CHIANTORE ET MASCARELLI

1879

# PRÉFACE

On s'est quelquefois étonné que Pierre Valdo, ce réformateur du xii$^{me}$ siècle, n'ait point encore trouvé de biographe. Pour peu qu'on ait fait connaissance avec cet homme exemplaire et qu'on songe à la place qu'il occupe dans l'Eglise de Dieu, il y a lieu effectivement d'être surpris de la lacune que présente à cet égard notre littérature religieuse.

D'un autre côté, il faut bien reconnaître que la tâche de combler cette lacune n'est pas des plus faciles. Quels documents avons-nous en effet pour en composer quelque chose comme une vie de Valdo? Des données très incomplètes, des fragments aussi maigres qu'ils sont rares, une demi-page, deux ou trois lignes, quelquefois même deux ou trois mots qu'il faut éclairer les uns par les autres en les rapprochant: tels sont, en général, les matériaux dont on peut disposer.

Encore est-ce aux adversaires de Valdo qu'il faut avoir recours pour ces témoignages. Or ces adversaires sont souvent des ennemis déclarés, et l'on conçoit qu'ils ne se soient pas précisément proposé de nous montrer le réformateur et son œuvre sous leur jour le plus favorable.

Ajoutez à cela que, même à des ennemis, il n'aura pas été très facile non plus de suivre d'un peu près un homme du caractère de Valdo. Conservant dans sa vie chrétienne toute l'activité de l'ancien homme d'affaires, ce missionnaire ardent semble être partout à la fois ; mais partout aussi il aime à s'éclipser, évidemment désireux de ne faire de bruit que ce qu'il ne peut éviter sans infidé-délité. Où l'atteindre par conséquent, et comment le suivre de manière à ne le perdre jamais de vue ?

Lui seul aurait pu nous laisser un récit de ses souffrances, comme de ses joies et de ses travaux missionnaires ; il ne l'a pas fait, aucun des siens ne l'a fait pour lui, et nous en sommes réduits à ce qu'ont bien voulu nous conserver de sa mémoire ceux-là mêmes qui avaient tout intérêt à la faire oublier.

Ce n'est donc pas, tant s'en faut, une biographie du réformateur de Lyon que l'on trouvera dans les pages qui suivent : quelques chapitres détachés, où nous avons essayé de réunir ce qu'il nous a été possible de glaner çà et là concernant *les Pauvres de Lyon*, en suivant de préférence les auteurs contemporains, ou presque contemporains, c'est tout ce que nous avons pu faire.

Ce travail, quel qu'il soit, donnera-t-il du moins à quelqu'un de mieux placé que nous l'idée de le reprendre pour en faire un livre à la fois plus édifiant et plus complet?

Nous n'osons trop l'espérer, mais nous le souhaitons vivement.

La Tour, Vallées Vaudoises du Piémont 1879.

# PIERRE VALDO

## CHAPITRE PREMIER

### Le Marchand.

Dans la seconde moitié du douzième siècle, vivait à Lyon un riche négociant qui s'appelait *Pierre*, mais qui fut beaucoup plus connu sous le nom de *Valdo*.

La manière toute providentielle dont il fut amené à se donner au Seigneur, son renoncement exemplaire, son zèle pour le salut des âmes et pour la propagation des Saintes Ecritures, ses remarquables succès, ainsi que les tribulations qui en furent l'accompagnement, tout cela est digne du plus haut intérêt de la part de quiconque partage la foi et l'espérance de ce fidèle témoin de la vérité.

On s'accorde généralement à nous montrer *Pierre de Lyon*, — c'est ainsi qu'on le désigne quelquefois, — comme ayant habité cette ville dès l'année 1150 jusqu'en 1184, époque où il aurait été éxilé pour aller finir ses jours au fond de la Bohême.

Mais d'une manière précise on ne connaît ni le lieu ni l'année de sa naissance. D'après Polichdorf, Pierre aurait été originaire de la ville ou du pays de *Valden* qu'il place aux frontières de France, c'est-à-dire dans les Alpes, et c'est là qu'on l'aurait encore trouvé au temps d'Innocent II, qui fut pape de l'an 1130 à l'an 1143 (1). Un inquisiteur, écrivant à l'archevêque d'Embrun, Rostan, vers l'an 1490, tout en considérant Valdo comme citoyen de la ville de Lyon, le fait habiter « au lieu appelé communément Val Grant » (2). Si ces deux noms désignent la même localité, Pierre aurait été de là s'établir jeune encore, dans la commerçante ville de

(1) Voir la note à la fin du volume.

Lyon, où il aurait pu recevoir, en souvenir de son pays natal, le surnom de *Valdus*. Une chose paraît hors de doute, c'est que ce surnom, qu'il le dût à son origine ou à d'autres circonstances, n'était qu'une pure épithète et que ce ne fut qu'après 1173 que le vulgaire d'abord, puis les adversaires et les papes appliquèrent au Marchand de Lyon les qualifications diverses et peut-être pas trop bienveillantes de *Valdus, Valdius, Valdeus, Valdes, Valdesius* et surtout de *Valdensis*, absolument comme si l'on avait voulu dire: *Pierre de Val, Pierre de Vaud* (3), ou même *Pierre le Vaudois*.

Quoiqu'il en soit de son origine et de son nom, Pierre, arrivé à Lyon, seul ou avec ses parents, dès avant l'année 1150, avait fixé sa demeure dans cette ville et y avait amassé les plus grandes richesses. On parle des revenus immenses qu'il retirait de ses champs, de ses vignobles et de ses prairies, de ses eaux et forêts, de ses fours et de ses moulins, ainsi que des maisons qu'il louait (4). Qu'on ajoute à tant de biens ce que devait lui rendre un commerce étendu, et l'on verra si les historiens ont sujet de l'appeler « l'opulent bourgeois de Lyon » et d'en faire l'un des citoyens les plus considérés de cette ville.

C'est au milieu de cette opulence et de cette considération, et disons-le aussi, au fort d'une agitation extrême, que vivait Pierre de Lyon, vers l'année 1170. — Il s'était marié depuis quelque temps, et déjà deux jeunes filles faisaient ses délices, et couraient se jeter dans ses bras lorsqu'il rentrait après un voyage.

Jusqu'ici, cependant, il n'y avait chez le riche bourgeois rien qui l'eût fait remarquer au point de vue religieux, et il ne faut point s'en étonner. Ne sait-on pas bien que lorsque les terres d'un homme ont rapporté en abondance, il faut qu'il songe à bâtir des greniers plus grands, en attendant qu'il puisse dire à son âme : « repose-toi, mange et bois et te réjouis ». La prospérité, les affaires, furent toujours un assez faible moyen d'amener les âmes à Dieu, et Pierre de Lyon dut y rencontrer les mêmes difficultés qu'y rencontrent tous les riches.

Sans doute qu'en fidèle catholique du temps, il s'acquittait scrupuleusement de tous les devoirs

de sa religion, puisque sa famille vivait dans
les meilleurs termes avec les plus hauts digni-
taires de l'église ; mais cela n'est point incom-
patible avec une certaine mondanité, et n'em-
pêcha pas en tout cas, notre marchand de dire
un peu plus tard de lui-même : « Mon souci
était alors bien moins de chercher Dieu que
d'amasser de l'argent, et j'adorais la créature
plus que le Créateur » (5).

D'un autre côté, ce n'était pas de ce qui s'appelait alors « l'Eglise » qu'on pouvait espérer quelque impulsion salutaire. Savoir qui l'importerait
des trois papes, Victor IV, Alexandre III ou
Pascal III ; qui serait le plus grand du pape ou de
l'empereur ; qui serait le premier de l'abbé ou
de l'évêque, du moine ou du prêtre séculier ;
qui saurait tirer le meilleur parti des péchés du
peuple et de sa frayeur de Dieu pour s'enrichir
et pour dominer ; fonder des couvents et y faire
affluer tout l'or qu'on pouvait ; soumettre les
hérétiques en les réduisant au silence pour maintenir à tout prix l'unité : c'était, dans ce temps,
la grande préoccupation du monde catholique
et de ses conducteurs. Quelles lumières les âmes
auraient-elles pu recevoir de ce côté ?

L'église de Lyon n'offrait pas plus de ressources que les autres. Le clergé de cette ville passait pour un des plus corrompus, même en ces temps où le dérèglement était général ; pendant tout ce siècle la grande ambition de l'archevêque fut de soumettre à sa *primatie,* comme on disait, tous les évêques de France, pour n'avoir au dessus de lui que le pontife de Rome ; et à l'époque où Pierre le marchand aurait eu besoin « d'un messager entre mille » ( Job. 33) l'archevêque Guichard était essentiellement occupé d'ajouter à son comté de la ville de Lyon celui du Lyonnais tout entier, qui lui fut en effet vendu vers 1173 par le comte de Forez. Tant de puissance pourra bien servir un peu plus tard à entraver la prédication de l'Evangile, mais pour réveiller les âmes, pour les faire passer de la mort à la vie, il faudra toujours d'autres moyens.

Pierre de Lyon était ainsi engagé dans le tourbillon des affaires, sans qu'on pût rien attendre de lui ni de son église, lorsqu'un événement imprévu vint ébranler sa conscience.

Un jour que le riche négociant se trouvait avec les principaux de la ville, réunis pour un

festin ou pour quelques affaires communes,
l'un d'eux tomba raide à leurs pieds, frappé
de mort subite. Chacun demeura stupéfait. —
Mais ce qui ne fut pour les autres que la cause
d'une frayeur passagère produisit sur l'esprit de
Valdo une impression profonde. Emu de la perte
de son ami, consterné à la vue de ce corps inanimé,
il se demanda ce qu'il serait devenu s'il avait
été lui-même ainsi soudainement transporté,
avec tous ses péchés, devant le tribunal de
Dieu. Tout troublé à cette pensée, et tremblant
comme Luther lorsque la foudre vint éclater à
côté de lui, Pierre de Lyon sentit, pour la
première fois peut-être, que lors même que les
richesses abondent à quelqu'un, il n'a pourtant pas la vie par ses biens. Plein d'inquiétude, il songe au salut de son âme, et il est
résolu à ne plus se donner de repos qu'il n'ait
trouvé la paix qu'il désire. Que va-t-il faire?

Deux grands moyens de salut étaient alors à
la mode : vendre ses biens, fonder un nouvel
ordre religieux, ou tout au moins un monastère, puis se placer sous l'entière dépendance
du pape, c'était la ligne de conduite que traçait

l'épitaphe même d'un archevêque de Lyon ( Raynaud ) mort il n'y avait pas longtemps. Ou bien, si l'on préférait ne pas quitter le siècle, il restait comme ressource assurée pour gagner le ciel, de faire force aumônes. Notre marchand choisit ce dernier parti. « Aussitôt, dit un auteur ancien, Pierre mit une forte somme d'argent à la disposition des pauvres », et dès ce jour il ne cessa d'ouvrir largement son cœur et ses mains à l'indigence. Déjà l'on parlait avec admiration de tant de libéralité, les pauvres affluaient de tous les quartiers de la ville et la réputation de leur bienfaiteur allait de jour en jour grandissant.

Seulement son inquiétude ne diminuait pas en proportion. Toutes les aumônes du riche Lyonnais n'avaient pu faire naître au dedans de lui rien qui ressemblât à la paix que mettait autrefois au cœur du pécheur cette simple parole de Jésus-Christ : « Prends courage, mon fils, tes péchés te sont pardonnés ».

Une circonstance, alors bien commune, mais évidemment aussi providentielle que l'accident dont nous avons parlé, vint mettre sur la voie notre honnête négociant.

C'était, si nous en croyons un chroniqueur de ces temps, vers la fin de l'an 1173, et un jour de dimanche (6). Comme Pierre traversait les rues de Lyon, il s'arrêta un instant pour écouter un troubadour qui, entouré de la foule, chantait sur la place publique les gloires de la *pauvreté volontaire*. Il suffit d'une étincelle pour enflammer un bois déjà échauffé. — Frappé par quelque parole sérieuse et touché peut-être par l'air grave du poète ambulant, Pierre le fit venir en son palais. Que lui importe ce qu'on en dira? Il a soif de justice et de sainteté, peut-être sans s'en rendre compte, a-t-il soif de pardon, le plus humble des hommes peut lui enseigner quelque chose.

Ces troubadours, il le savait, étaient parfois des hommes d'une grande piété, qui sur les places ou devant les châteaux allaient chantant des poésies religieuses, telles que la *Barca*, la *Nobla Leyçon* ou la mort d'un Saint Alexis, comme ce fut ici le cas (7). Ils employaient ce moyen moins encore pour gagner leur vie, que pour attirer l'attention du monde sur des vérités qu'il eût été difficile, ou dangereux de prêcher autrement. Nous ignorons quel fut l'entretien qui eut lieu, ce dimanche soir, entre l'humble ménestrel de la rue et l'opulent seigneur. Qui sait que le poète populaire ne lui ait point récité quelques strophes du genre de celles que nous trouvons dans le *Novel Sermon*. Traduisons du roman :

Si donc nous sommes humbles et chastes et tempérants,
Si nous suivons Jésus-Christ dans la voie de pauvreté
Nos ennemis seront tous vaincus.
Et nous aurons pour Seigneur Celui qui pour nous fut vendu.
Bien le devons nous aimer et craindre et servir,
Lui qui nous a tant aimés que pour nous il voulut mourir.
Qui pour nous enrichir a voulu se faire pauvre,
Et pour que nous soyons honorés se laissa tant mépriser ;
Lui enfin qui pour nous donner les plaisirs et la gloire du ciel
A pour nos péchés subi une mort si cruelle.

Ce qu'on peut assurer, c'est que l'entretien ne fut pas de ceux qui endorment la conscience en disant : paix ! paix ! là où il n'y a point de paix. Le troubadour s'en alla, mais Pierre passa la nuit dans une grande anxiété, n'ayant pas encore, paraît-il, obtenu entièrement ce que son cœur désirait.

# CHAPITRE DEUXIÈME

—

## La Parole de Dieu.

—

Pierre Valdo était de plus en plus ébranlé ; mais il était naturel que sur un sujet de cette importance il sentît le besoin de consulter une autorité plus compétente que celle du pauvre troubadour. Il ne perdit point de temps, et dès le lendemain il se rendit auprès d'un professeur de théologie pour avoir de lui quelques lumières nouvelles. Le théologien parla plutôt longuement et à son aise, passant pour ainsi dire en revue les voies diverses que les hommes ont coutume de suivre pour aller au ciel. « Mais enfin, dit Pierre, qui avait besoin d'une réponse positive, de tant de moyens de sauver notre âme lequel est donc, à votre avis, le plus sûr ? » « Eh bien, reprit le docteur, écoutez ce que vous dit le Seigneur Jésus-Christ : « Veux-tu être parfait ? Vends tout ce que tu as et le donne aux pauvres, et tu auras un trésor dans le ciel ; après cela, viens, charge ta croix et me suis » (1). ( MATTH. XIX et MARC X ). Cette parole, n'attrista point le riche Lyonnais ; on dirait au contraire qu'elle ne fit que fortifier en lui le désir de voir ce Livre où l'on peut s'instruire de la bouche même du Seigneur. Il rentre chez lui heureux de voir qu'un chemin commence à s'ouvrir devant ses yeux. L'histoire du jeune seigneur de Jéricho l'avait frappé comme si elle avait été écrite pour le marchand des bords du Rhône ; il faut qu'il la relise ; et ce fut sans doute par cet endroit des Ecritures qu'il aura commencé. Ouvrons notre Bible, et lisons avec lui : c'est presque son histoire anticipée.

Voici donc ( MARC X ) un jeune homme riche qui vient se jeter aux pieds de Jésus en lui disant : « Maître, qui es bon ! que ferai-je pour obtenir la vie éternelle ? » — On connaît la réponse et l'effet qu'elle produisit. — Mais écoutons encore : « Alors Jésus, regardant autour de lui, dit à ses disciples : qu'il est difficile à

ceux qui ont des richesses d'entrer dans le
royaume de Dieu! Et les disciples furent étonnés
de ce discours. — Mais Jésus, reprenant la parole, leur dit : mes enfants, qu'il est difficile à
ceux qui se confient en leurs richesses d'entrer
dans le royaume de Dieu ! Il est plus aisé à un
chameau de passer par le trou d'une aiguille...
Et ils furent encore plus étonnés, se disant l'un
à l'autre : qui donc peut être sauvé ? Et Jésus
les regardant leur dit : quant aux hommes, c'est
impossible, mais non pas quant à Dieu ; car à
Lui toutes choses sont possibles. — Alors Simon
Pierre, prenant la parole, dit : Voici nous avons
tout quitté, *nous,* et nous t'avons suivi. Et Jésus
lui répondit : je vous dis en vérité, qu'il n'y a
personne qui ait quitté maison, ou frères, ou
sœurs, ou père ou mère, ou femme ou enfants,
ou des terres, pour l'amour de moi et de
l'Evangile, qui n'en reçoive dès à présent,
en ce siècle, cent fois autant, des maisons, des
frères, des sœurs, et père et mère et enfants
et terres... avec des persécutions ; puis dans le
siècle à venir, la vie éternelle. — Mais plusieurs
qui sont les premiers, seront les derniers ; et

ceux qui sont les derniers, seront les premiers ».

Valdo était bien préparé pour comprendre ce
langage. La tristesse du jeune homme riche,
et le danger des richesses, et l'étonnement des
disciples, et la prompte obéissance des apôtres,
qui ont tout quitté, et cette croix qu'il faut
charger pour suivre Jésus, et cette ample ré-
compense.... avec des persécutions ; puis pour
fin la vie éternelle et un trésor dans le ciel :
tout cela dut, à ce moment de sa vie, répondre
singulièrement au besoin de son âme. Aura t-il
également senti la profonde vérité de cette parole : « Quant aux hommes cela est impossible ? »
Nous n'oserions l'assurer.

Ce qui est certain, c'est qu'à partir de ce
jour, le Saint Livre ne fut plus refermé, et
que le pieux négociant continua de s'appliquer
à la lecture et à l'étude de la Parole de Dieu,
y trouvant toujours plus de bonheur. Ce qu'il
ne comprend pas maintenant, il le comprendra
plus tard.

En attendant, toute la vie de son Sauveur lui
redisait de mille manières la nécessité de rompre

les liens qui le retenaient enchaîné au service
d'un maître dont il sentait chaque jour davantage l'exigence et la tyrannie.

« Mon ennemi, s'écriait-il un jour, mon grand
ennemi, c'est l'argent ; or assez longtemps j'ai
été son esclave.... » A quoi il ajoutait : « Nul ne
peut servir deux maîtres, Dieu et Mammon » (2).
Quand le riche Lyonnais voyait son Seigneur,
— pour parler avec un traité vaudois, qui pouvait bien lui être redevable de quelque chose (3),
— quand, en parcourant les saintes pages, il
voyait son divin Maître « placé dans la crèche
et enveloppé de langes....., fatigué du voyage
ou tenté par le Diable, avoir faim pour nous,
et pour nous avoir soif, s'entendre appeler par
les Juifs le fils du charpentier, le fou, le pos-
sédé..., se voir excommunié ; puis comme un
meurtrier, livré par l'un de ses disciples ; pour
nous abandonné, pour nous condamné, méprisé,
bafoué, couronné d'épines, percé d'un coup de
lance au côté ; » quand il voyait enfin ce Jésus
« nous délivrer de la mort par l'effusion de son
sang, » ce spectacle ne pouvait que le toucher

profondément et le couvrir de confusion au milieu de ses richesses.

Est-il nécessaire après cela de supposer avec quelques auteurs que le futur réformateur aurait, dès le début, été encouragé dans cette direction d'idées par une communauté dissidente alors déjà répandue? (4). Les manifestations religieuses en dehors de l'église romaine n'ont assurément pas fait défaut au XIIe siècle. Moins de cinquante ans avant la conversion de Valdo, la Provence et le Dauphiné avaient retenti des prédications bibliques de Pierre de Bruis, brûlé à St. Gilles en 1126 (5). — Son compagnon de travaux, Henri de Lausanne, quoique moins scripturaire, avait fait le tour de la France en signalant une in-finité d'abus, et fini ses jours en prison, au mo-ment même où, de l'autre côté des Alpes, Ar-naldo da Brescia était consumé par les flammes sur une des places de Rome ( an 1155 ). Les Cathares ou Albigeois, malgré bien des erreurs, avaient pourtant mis en quelque évidence les Saintes Ecritures; d'autres sociétés encore ou d'autres missionnaires d'un caractère tout bi-blique, étaient alors très nombreux des deux côtés des Alpes, et connus de tout le monde. Il était donc naturel de penser que Valdo aurait pu recevoir quelques excitations de ce côté, d'autant plus qu'on le vit peu après en communion étroite avec d'autres chrétiens qui partageaient ses convictions.

Cependant ce que nous connaissons de cet homme et de la manière dont il fut amené à s'occuper de son âme, nous porte à croire que, dans l'origine du moins, Dieu ne fit usage, à son égard, d'autres moyens que de ceux que nous avons indiqués ; ils suffisent amplement pour expliquer le changement qui s'est opéré jusqu'ici dans son cœur, et même pour en faire attendre de plus grands à l'avenir. Dans l'arbre circule une sève nouvelle, les circonstances pourront influer sur le développement de ses branches, mais les fruits ne sauraient manquer désormais d'apparaître en leur saison.

Laissons donc pour le moment notre Lyonnais seul avec sa Bible (6) et sans autre secours que celui de l'Esprit Saint. Il n'a, selon toute apparence, sous les yeux qu'une Bible latine, et quoique passablement instruit, il n'avance pas sans quelque difficulté ; les pages qu'il parcourt sont d'ailleurs simplement écrites à la main, autre cause de lenteur. Aussi, pour quelque temps « il ne paraît pas qu'il ait fait autre chose que de lire assidûment l'Ecriture Sainte pour lui-même et de l'expliquer à sa famille », heureux qu'il était d'avoir trouvé ce trésor pour lui et les siens.

Cependant, il ne se pouvait faire que la lumière demeurât longtemps cachée. Ceux-là mêmes que Valdo secourait de ses biens, depuis des années, furent les premiers à profiter de ses enseignements. Comme il leur avait fait part de ses richesses temporelles, le charitable négociant ne pouvait manquer de leur communiquer aussi les trésors de grâce qu'il venait de trouver pour lui-même dans la Parole de Dieu. — Il les attirait dans sa propre demeure, et là, n'ayant toujours que sa Bible latine et manuscrite, il se contentait de traduire simplement et à mesure *en langue vulgaire* le texte latin du Nouveau Testament qu'il suivait du doigt (7). Sans prétendre qu'à la suite, ou à côté de cette traduction orale, Pierre Valdo se soit interdit absolument toute réflexion sur la portion des Ecritures qu'il lisait, ce qui eût été difficile, nous serions disposé à croire que dans les commencements il se bornait à donner connaissance du texte évangélique aussi purement que possible. Il n'en fallut pas d'avantage pour remplir sa maison d'une multitude d'hommes et de femmes qu'attirait cette lecture. On vit alors le palais du riche négociant se transformer à la fois en école et en refuge, pour parler avec nos historiens, et vous eussiez difficilement pu dire si c'était là une Béthel ou une Bethléem, car on y rompait successivement le pain qui nourrit le corps et le pain qui donne la vie éternelle.

La Bible de Pierre Valdo était en latin, comme nous l'avons dit. S'il existait quelque autre version partielle en langue vulgaire, œuvre des premiers Vaudois, toujours fallait-il en multiplier les copies pour en faciliter l'acquisition aux gens peu moyennés. Mais on était alors à plus de deux siècles et demi avant l'imprimerie, et l'on n'avait de livres que ceux que l'on copiait à grands frais de temps et d'argent. « Une bonne copie de la Bible aurait coûté, nous dit-on (8), plus de 1500 francs, sans compter la reliure et le parchemin, alors très chers aussi; l'écrivain le plus habile n'y aurait pas employé moins de dix mois entiers, » en sorte que ce précieux volume qu'un ouvrier se procure aujourd'hui avec le gain d'une seule journée, il aurait fallu pour le payer, au temps de Valdo, le produit de plusieurs années d'un travail assidu. Les prêtres, tout occupés de satisfaire leur amour des plaisirs ou de l'argent, ne s'étaient guère souciés de mettre la Parole de Dieu à la portée du peuple, trouvant d'ailleurs beaucoup mieux leur compte à laisser ignorer l'Evangile qu'à le répandre. Ce que les prêtres ne firent pas, Dieu mit au cœur du pieux négociant de l'accomplir, et Valdo entreprit de traduire *en langue romane ou gauloise* les Saintes Ecritures du Nouveau Testament et des Psaumes, en attendant qu'il pût en faire autant pour la Bible toute entière.

Il y avait alors à Lyon deux jeunes clercs qui étudiaient pour la prêtrise. Valdo, qui était assez instruit pour juger de l'exactitude d'une traduction du latin, mais qui n'aurait eu ni le temps ni les forces de se charger à lui seul d'un si grand ouvrage, fit avec eux un arrangement. Pour une somme convenue, l'un, *Etienne d'Anse* (9), plus avancé, devait traduire du latin en langue romane les livres de la Bible que Valdo lui indiquait; l'autre, *Bernard Ydros*, jeune encore et très pauvre alors, mais copiste habile, fut chargé d'écrire de sa plus belle main sous la dictée du premier (10). Aidé de ces deux étudiants, et s'entourant d'ailleurs de toutes les ressources que pouvaient lui fournir son argent et les lumières de ses amis, Pierre Valdo mit courageusement la main à cet ouvrage important.

Il aurait pu se contenter de suivre simplement la version latine qu'il avait entre les mains; mais autant Valdo était impatient d'ouvrir l'Evangile au peuple, autant il avait à cœur de ne lui donner que la traduction la plus fidèle qu'il pourrait, si profond était son respect pour la sainte Parole de Dieu. Tout en suivant la Vulgate, il fallut donc consulter ou faire consulter des manuscrits, dont plusieurs se trouvaient dans les bibliothèques de Piémont et de Lombardie (11). Il en résulta que vingt fois, on l'a compté, dans le seul Evangile de St. Jean, le traducteur crut devoir s'écarter du texte latin qui lui servait de guide.

Ces difficultés n'empêchèrent pas qu'on n'eût en peu de temps traduit un certain nombre de livres, dont il fut permis à tout le monde de tirer des copies.

En 1179, deux Vaudois *( Valdesii )* envoyés à Rome, à l'occasion du concile de Latran, furent en mesure de présenter de la part du traducteur au pape « le Livre des Psaumes avec des annotations » (12) ainsi que plusieurs autres livres de l'Ancien Testament et du Nouveau, tous en langue vulgaire ou romane.

C'était, depuis que le latin avait cessé d'être compris de tout le monde, la première fois peut-être qu'un homme avait le privilége de présenter à la France, à l'Espagne et à l'Italie, dans une langue sinon parlée de tous, du moins intelligible à des millions de personnes, un recueil un peu complet des Saints Livres où Dieu a déposé pour le peuple les trésors de sa grâce et les secrets de sa volonté. Le concile,

on le pense bien, n'avait point fait à la traduction de Valdo l'accueil que celui-ci en avait espéré.
Mais il y avait alors dans le monde des milliers
de personnes capables d'apprécier le service que
le marchand de Lyon venait de rendre à l'Eglise
de Dieu. Les Vaudois d'Italie, par exemple, ne
furent pas ceux qui profitèrent le moins de cet
inestimable bienfait. Non seulement ils acceptè-
rent pour leur propre usage les livres traduits
à Lyon, mais ils s'employèrent de tout leur
pouvoir à les transcrire à leur tour. Ce fut toujours le premier besoin des Vaudois de tout
pays de mettre la Parole de Dieu aux mains du
peuple, afin que chacun fût en état de sonder
par lui-même les Saintes Ecritures et d'arriver
par leur moyen à Celui qui est la vie éternelle.

On vient de voir ce que fit Pierre Valdo. Deux
cents ans après lui ( en 1380 ) *Wicleff* de Lin-
coln, suivant les traces du traducteur Lyonnais,
donnait à sa patrie la première traduction complète des Ecritures en anglais. Bien plus tard,
en 1535, devait paraître aussi pour la première
fois en langue française « la Sainte Bible toute
entière, traduite, par ordre d'un Synode d'An-

grogne (12 septembre 1532) et imprimée à Neuchâtel aux frais des Vaudois. C'était de la part de Wicleff la meilleure manière de continuer l'œuvre de Valdo ; c'était pour les églises vaudoises une preuve de plus qu'elles furent toujours les églises de la Bible.

# CHAPITRE TROISIÈME

## L'Obéissance.

La traduction des Saintes Ecritures n'avait point fait oublier à Valdo l'ordre de Jésus-Christ : « Si tu veux être parfait, vends tout ce que tu as et le donne aux pauvres; puis viens, charge ta croix et me suis ». — Fortifié au contraire dans sa foi par le travail auquel il se livrait, il se sentait désormais suffisamment attaché à son nouveau Maître pour être libre de rompre, au besoin, avec tout ce qui menacerait de le retenir loin de Lui. — Seulement ce n'est point sa volonté propre qu'il veut faire, c'est celle du Seigneur, et il met toute sa prudence à la chercher. Aussi cette sainte Parole qu'il étudie et qu'il traduit avec tant d'ardeur, Valdo « veut l'observer de la manière la plus littérale »; c'est le reproche que lui font ses adversaires. Il y avait à Lyon, dit l'un d'eux, de simples laïques qui enflammés d'un certain zèle et remplis de présomption, se flattaient de vivre entièrement selon l'enseignement de l'Evangile, sans en violer une lettre (1), « et comme ils prenaient dans leur signification propre et naturelle les paroles de l'Evangile, que personne, à ce qu'ils voyaient, n'observait avec cette rigueur, ils se donnèrent bientôt pour les seuls imitateurs de Jésus-Christ (2) ».

C'était l'usage dans ces temps, pour affaiblir l'autorité des Ecritures, de négliger le sens propre afin de s'attacher au sens allégorique et à des interprétations rarement aussi justes, qu'elles étaient amusantes.

Une manière plus fausse encore d'expliquer ou plutôt d'appliquer la Parole de Dieu, consistait à établir une distinction entre les *préceptes* ou commandements obligatoires pour tout le monde, et les soi-disants *conseils évangéliques*, réservés pour ceux là seulement qui aspiraient à une plus grande perfection, aux moines par exemple, et aux religieuses.

Pierre Valdo n'admit jamais cette façon de dispenser les hommes de l'obéissance entière qu'ils doivent au Seigneur. Si, beaucoup plus tard, quelques-uns de ses disciples semblent revenir, sur ce point comme sur d'autres, aux erreurs du catholicisme, il ne faut pas oublier que c'étaient précisément ceux qui l'avaient abandonné. — Quant à lui et à ceux qui lui sont demeurés fidèles, ce qui les distingue entre tous, c'est leur soumission sans réserve à la Parole de Dieu. Valdo eut bientôt l'occasion de le montrer.

Pendant des années ses immenses revenus avaient suffi pour faire face à toutes ses dépenses; et sa famille n'avait certes pas eu à souffrir du nouvel emploi qu'il faisait de ses biens. Il est très vrai cependant que la traduction et la copie de la Bible d'une part, et de l'autre ses libéralités de tout genre, absorbaient des sommes considérables. Or le même qui a dit de l'homme de bien « qu'il prête et fait l'aumône » (Ps. 112) a dit aussi « que l'homme de bien règle ses affaires avec droiture ». D'ailleurs Jésus-Christ repoussait les pieux *corbans*

( Marc 7 ) de ces Pharisiens qui donnaient leurs
biens au Temple, en ne conservant pour leur
famille qu'une hypocrite compassion ; — Valdo
devait l'avoir remarqué. Aussi ne céda-t-il point
à la tentation d'user de ce nouveau moyen si
ingénieux, et alors si généralement approuvé,
d'anéantir le commandement de Dieu. Ce qu'il
fit, ce fut de mettre ordre à sa maison de manière à protéger les intérêts de sa femme et de
ses enfants. Après s'être concerté avec les siens
sur les mesures à prendre, faisant de son immense fortune deux parts, Pierre « offrit à sa
compagne attristée la faculté de choisir pour elle
le lot qu'elle estimerait le plus convenable » (3).
La pauvre femme, malgré toutes les explications,
n'avait pu encore arriver à comprendre une décision de cette gravité. Pourquoi, pensait-elle, ne
pas jouir en paix des biens qu'ils avaient acquis ?
Pourquoi ces idées nouvelles dans une maison
où la vieille religion catholique avait suffi jusque
là ? Cette distinction entre le tien et le mien au
sein d'une famille si haut placée, n'aura-t-elle
pas l'air d'une dissension domestique ? A cette
pensée, elle hésite ; mais lui est inébranlable

et aussi résolu à être juste envers son épouse qu'il a besoin d'être libre pour son propre compte. Ce qu'il veut ce n'est pas la division, c'est la justice, c'est la paix.

Le moment venu de faire son choix, la femme de Valdo jeta prudemment son dévolu sur les biens immeubles. Or cette part, on l'a vu (4), n'était pas mince. De son côté Pierre se hâta de réaliser ce qui lui restait de marchandises et d'autres richesses. De la sorte il put, sans crainte de toucher au bien d'autrui, pourvoir aux dépenses qu'exigeaient à la fois et ses aumônes et ses travaux.

Mais que va-t-il faire pour assurer, autant qu'il dépend de lui, l'avenir de ses deux filles? Il y avait alors, à quelque distance des bords de la Loire et non loin de la ville de Saumur, une abbaye fort connue, dite de *Fontévrault*. Fondée plus de soixante ans auparavant par Robert d'Arbrissel, elle était célèbre, entre toutes, par l'éducation libérale et distinguée qu'y recevait la jeunesse (5). Bien qu'il y eût une division pour les hommes et une autre pour les femmes, ce monastère offrait cela de particulier, que tous relevaient également de l'abbesse, qui pour cette raison fut souvent prise d'un rang très élevé (6). C'est ainsi qu'à cette époque et depuis 1150, la direction de l'abbaye était aux mains de Mathilde, fille du comte d'Anjou, et auparavant fiancée à Guillaume, fils d'Henri I roi d'Angleterre.

C'est là que Valdo fit entrer ses deux filles, non toutefois sans les avoir richement dotées (7).

Où trouver les motifs d'une pareille détermination chez le futur adversaire du monachisme et des couvents? Chercha-t-il à Fontévrault un simple abri pour ses enfants à la vue de l'orage qui déjà se faisait pressentir? Fit-il ce calcul, que entrées au monastère pour s'instruire ses deux filles pourraient en sortir, une fois leur éducation achevée? On sait effectivement que cet institut avait des allures un peu laïques, et qu'il laissait à ses élèves une liberté relative. — Ou bien encore Valdo avait-il des garanties que ses enfants ne recevraient dans cette institution, vraiment exceptionnelle, qu'une impulsion pieuse et biblique? Peut-être y eut-il un peu de tout cela dans la décision du père, ce qui n'empêche pas qu'elle n'offre quelque chose de tout-à-fait inattendu. Ce qui n'est pas moins étrange, c'est que tout cela se fit sans consulter la mère, sans l'en informer seulement (8). Nouvel indice des difficultés que Valdo rencontra au sein de sa famille. — Sa femme, demeurée tout entière sous l'influence du clergé, de qui plus que jamais elle prenait conseil pour la moindre affaire, aurait, à n'en pas douter, lancé ses filles précisément dans la voie qu'il redoutait pour elles, et en bon père il crut sage de prendre un moyen terme en les confiant à l'abbaye de Fontévrault, où leur mère d'ailleurs pouvait les voir à loisir.

De l'argent qui lui restait après la forte somme qu'il avait donnée à ses enfants, Pierre en préleva-t-il une partie pour dédommager les personnes auxquelles il pouvait craindre d'avoir fait quelque tort ? Il est tel de ses adversaires qui l'affirme ; et nous ne voyons pas qu'il soit plus difficile de l'admettre chez le riche Lyonnais que chez le péager de Jéricho. Conscience délicate s'il en fut jamais, et décidé à ne point offrir à Dieu le bien d'autrui, son premier soin fut de satisfaire aux exigences de la justice.

Valdo avait à peine terminé ces arrangements de famille que les événements vinrent en quelque sorte le rendre à ses pauvres et par eux à son œuvre favorite d'évangélisation. Une extrême famine, au dire du chroniqueur qui nous fournit ces renseignements (9), exerçait alors ses ravages en France et en Allemagne. Pierre fut touché des souffrances du peuple, et prit aussitôt les mesures nécessaires pour les adoucir autant qu'il était en son pouvoir. « De Pentecôte au premier du mois d'Août, raconte notre auteur, ce *Valdesius* donnait à tous ceux qui venaient à lui du pain, du potage et de la viande » (10). Avec cela, il n'avait garde d'oublier les intérêts spirituels de la foule ; « Un jour, entr'autres, c'était le 15ᵉ de ce même mois d'août, on le vit parcourir les quartiers de la ville en distribuant aux pauvres l'argent qu'il avait ; puis il leur disait : nul ne peut servir deux maîtres ; nul ne peut obéir à Dieu et à Mammon ». « La foule accourait alors et l'entourait, croyant que cet homme avait perdu le sens ; mais lui, montant sur quelque endroit élevé pour être mieux entendu, « mes amis, disait-il de l'accent le plus affectueux, mes chers concitoyens, je ne suis point hors de sens, comme vous pensez; ce que je fais, c'est que je prends ma revanche sur l'ennemi qui m'a courbé sous son joug. L'argent avait dans mon cœur plus de place que Dieu, et j'ai servi le Créateur avec moins d'affection que la créature. — Plusieurs, je le sais, me trouveront tort de me produire ainsi en public; mais je le fais pour moi-même et pour vous: pour moi, afin que ceux-là me déclarent insensé qui me verront désormais m'attacher encore à l'argent; pour vous, afin que vous appreniez à mettre en Dieu votre confiance, et non plus dans les richesses » (11).

Ces derniers mots sont d'autant plus précieux à recueillir que les adversaires de Valdo, les seuls qui nous aient conservé ces souvenirs, sont avares de déclarations de cette nature. — Cette parole nous dévoile la pensée intime de cet homme de Dieu, et dès maintenant nous comprenons ce qu'il entendait par cette perfection évangélique, objet de ses efforts. D'esclave qu'il était de son argent, en devenir le maître, et du tyran faire son serviteur ; en échange des jouissances accepter l'opprobre de Christ ; déplacer le centre de sa vie en transportant sa confiance de l'instabilité des richesses sur le Dieu vivant et vrai, c'était là, sans contredit, un changement considérable.

Ce changement, on l'a déjà vu, ne s'était point opéré sans combats et fut accompagné de grandes souffrances. « Il y a des gens, disait peu auparavant St. Bernard ( mort en 1153 ), qui veulent bien consentir à être pauvres, mais à la condition qu'ils ne manquent de rien ». Tel ne fut pas Valdo. A force de répandre, un moment arriva où il se trouva lui-même presque réduit à l'indigence.

Un jour, au sortir de l'église ( catholique ) c'était le 16 août, le lendemain de sa visite aux pauvres de la ville, le ci-devant bourgeois de Lyon, ayant rencontré dans la rue un de ses amis qui avait été auparavant son associé dans les affaires, il le pria de lui donner, pour l'amour de Dieu, quelque chose à manger. Aussitôt son ami le prit chez lui pour lui accorder sa demande. Après le repas, il lui dit : « Tant que je vivrai, vous trouverez chez moi tout ce qui vous est nécessaire, vous n'avez qu'à venir » (12). Valdo, pour suivre le Maître, avait rééllement tout abandonné. Mais cela même devait rendre sa position difficile. Sa femme qui probablement n'avait point vu de bon œil les largesses qui l'avaient appauvri, se sentit offensée de le voir s'adresser à d'autres qu'à elle pour être secouru. A peine elle eut connaissance de la chose, que tout affligée et comme éperdue, elle courut chez l'archevêque lui raconter en présence de tous le sujet de sa peine. Elle exposa ses griefs avec une telle émotion que ceux qui étaient là présents en furent touchés jusqu'aux larmes. L'archevêque fit venir devant lui Valdo et le bourgeois qui lui avait donné l'hospitalité. La femme alors saisissant son époux par le pan de son habit : « S'il doit être accordé à quelqu'un, dit-elle, de racheter ses péchés par les aumônes qu'il te fait, n'est-ce pas à moi, ô mon mari, que revient ce privilége, plutôt qu'à ceux du dehors ? ». Le malheur de cette femme était de n'avoir pour « racheter ses péchés, » d'autre

moyen que ses aumônes ; Valdo n'avait-il peut-
être pas un peu le tort de vouloir racheter les
siens par sa pauvreté ? — Quoiqu'il en soit,
le résultat de cette petite scène fut « qu'à partir
de ce jour défense fut faite par l'archevêque à
Valdo de prendre sa nourriture ailleurs que
chez sa femme, pour autant du moins qu'il
serait dans la ville ».

Certes le mal n'était pas grand. Il ressort
néammoins de ce que nous venons de dire que
Valdo ne rencontra dans sa famille aucune sympathie, et qu'au point de vue religieux il resta
comme un étranger dans sa maison. Combien
devait donc alors lui être précieuse la Parole
de Celui qu'il avait choisi pour son modèle,
en attendant qu'il le reconnût pour son Sauveur !

# CHAPITRE QUATRIÈME

## La pauvreté volontaire.

Le grand souci de Valdo, après la traduction et la diffusion de la Parole de Dieu, c'était de la mettre en pratique. Aussi chaque fois qu'il lisait les Ecritures, ce Pierre *Valdensis*, comme l'appelle Polichdorf (1), s'imaginant que la vie apostolique avait depuis longtemps disparu de la terre, songeait à l'y ramener.

« Si l'on se reporte vers ces temps déjà loin de nous, ajoute l'auteur des *Recherches* (2), l'on observera que l'abus qu'un grand nombre d'ecclésiastiques faisaient des biens de l'église, les moyens indignes auxquels ils avaient recours pour obtenir des bénéfices, jetèrent les esprits faibles ou faciles à s'exalter, dans des voies, nous dirions presque dans des excès tout-à-fait opposés.

Les uns (les Coterels), indignés de ces désordres...... recoururent à la violence. D'autres,
attristés de ce spectacle et cherchant à y porter
remède, sentirent le besoin d'opposer à l'excès
du mal la perfection des vertus contraires, afin
de produire par l'exemple une forte impression
sur les esprits » (3). C'est au nombre de ces derniers que notre abbé paraît disposé à classer
le réformateur Lyonnais. — Le remède à tant
de mal, Valdo, selon lui, l'aurait cherché dans
la fondation d'une société laïque, dite de la
*pauvreté spirituelle ou volontaire*, destinée à renouveler dans l'église l'exemple et la pureté de
la vie apostolique.

Tous les égarements sont possibles, surtout
dans ces temps où l'on ne savait chercher la
perfection de la vie qu'en dehors de la vie.
Il faut pourtant remarquer au sujet de Valdo
qu'on se trompe en nous le représentant comme
un homme occupé avant tout des désordres
qui l'environnaient. Le pauvre état de son église
ne pouvait manquer de le frapper; il était trop
manifeste. Mais ce ne fut point par là que dé-
buta le réformateur.

Ce qui attira tout d'abord son attention, ce fut
sa propre misère spirituelle, et la première chose
qu'il chercha dans les Ecritures ce fut son devoir
personnel, une lampe à ses propres sentiers.
Et lorsqu'il commença de parler aux autres,
ce fut pour les adresser à Dieu et à sa Parole,
et non pour les grouper autour de lui.

Quant à l'intention qu'on prête à Valdo de
« fonder *un ordre* qui fît profession de pauvreté volontaire et fût destiné à retracer aux
yeux des fidèles la vie des apôtres et des premiers chrétiens », le moins qu'on en puisse dire
c'est qu'elle ne fut jamais réalisée. Que telle fût
alors la tendance générale des esprits, cela est
parfaitement vrai, et les Vaudois eux-mêmes n'y
échappèrent point entièrement : « Contre le
clergé, dit A. de Gasparin, le moyen-âge n'a
presque jamais su inventer autre chose que des
moines » (4).

Plus de trois siècles après, et dans des circonstances toutes semblables, l'ardent Luther lui-
même, à l'âge de vingt-deux ans, ne trouva
d'abord d'autre refuge que le couvent. Il n'y
aurait donc rien d'étonnant que Valdo, peu

éclairé encore, eût un instant cédé au courant
du 'siècle. Cependant si la pensée d'un ordre
monastique à fonder traversa jamais son esprit,
il est évident qu'elle n'y fut point caressée. Cet
homme encore plus occupé de répandre parmi
le peuple la pure Parole de Dieu que ses propres richesses, avait trop besoin du grand air
pour aller bouder le monde au fond d'un monastère. Le cloître qu'il lui faut à lui, c'est la
rue, c'est la place publique, et sur cette place
« un endroit élevé » d'où sa parole ardente par-
vienne à tout le 'peuple. L'*ordre* qu'il va fonder
ce sera, si l'on veut, cette petite assemblée de
« deux ou trois » réunis au nom du Seigneur
pour l'adorer selon sa Parole.

Dans ce sens, nous convenons que Valdo converti, travailla bientôt à convertir ses frères.
C'est apparemment, ce que veut dire le chroniqueur que nous suivons dans cet endroit (5),
quand il nous apprend que dès l'année 1177,
« ce bourgeois de Lyon, ce *Valdesius*, comme
il dit, après avoir fait au Dieu du ciel le vœu
de ne plus jamais posséder de sa vie ni or ni
argent, comme aussi de ne plus s'inquiéter du

lendemain , commença d'avoir quelques personnes qui partageaient ses sentiments. A l'e-
xemple de leur concitoyen, ces premiers disciples distribuaient tous leurs biens aux indigents
pour faire comme lui profession de pauvreté
volontaire » (6). De ce nombre on compte un
nommé *Jean*, également de la ville de Lyon.

Peut-être aussi est-ce vers ce temps que Valdo
vit arriver à lui quelques uns de ceux qui furent
plus tard ses principaux compagnons dans l'œuvre
du Seigneur ; un Arnaud , un Espéron, un Jérôme. Bien plus, si l'on en croit un inquisiteur
de 1490 (7), Pierre de Lyon aurait même eu la
joie de pouvoir accueillir dans la naissante société
plus d'un ecclésiastique dont il avait ébranlé
la conscience par son exemple et par ses enseignements. — D'abord ce ne fut qu'un petit
nombre de personnes un peu résolues, mais
bientôt l'on vit accourir des hommes et des
femmes de toute condition qui venaient s'unir
à la petite communauté, heureux de contribuer
eux aussi, selon leur pouvoir, à l'avancement du
règne de Dieu (8).

Au reste, leur but n'était point uniquement la profession de pauvreté ; ce qui leur pesait plus encore que leurs richesses c'étaient leurs péchés. Aussi « par toute sorte d'exhortations en public et en particulier, ils s'attachaient à confesser leurs fautes, et à ouvrir les yeux de chacun sur l'état de son âme ». Tels furent, dès l'année 1177, les débuts de l'humble société des pauvres de Lyon qui devait causer tant d'inquiétude au clergé romain.

Le nom de *Pauvres de Lyon* n'était cependant pas une désignation que les partisans de Valdo eussent prise d'eux-mêmes, loin de là: ils la repoussèrent d'abord, n'acceptant pour leur compte que celle de *Pauvres en esprit*, qu'ils trouvaient dans l'Evangile. « A les entendre, dit Reinérus (1250), il n'y aurait de pauvres en esprit que les Vaudois et ceux qui souffrent pour la justice ». (9). On leur reprochait de tirer vanité de ce titre. « Peut-être, leur disait l'abbé Eberard de Béthune (1181), vous vous couvrez de cette déclaration des Ecritures : bienheureux les pauvres en esprit ! Mais ils sont nombreux les indigents que la cupidité anime ; et d'un autre côté, plusieurs sont réellement pauvres en esprit qui sont riches en argent ; témoin Job et Abraham. Ce n'est donc point l'argent qui fait la condamnation de l'homme, mais plutôt l'avarice » (10).

Valdo lui-même n'aurait pas mieux rendu sa propre pensée. Qu'on en juge par ce que nous lisons, sur ce sujet, dans un ancien traité vaudois. « Quand nous disons : *que ton règne vienne,* nous demandons à notre Père Céleste de nous purifier du péché de l'avarice pour nous donner la *pauvreté spirituelle,* la miséricorde et la compassion ; car aux avares et aux riches du monde le royaume des cieux est fermé, selon la déclaration de l'apôtre, que les avares n'hériteront point le royaume de Dieu, et celle du Seigneur que les riches entreront difficilement en son royaume. Par contre le royanme des cieux est donné aux pauvres, selon la parole du Seigneur: bienheureux les pauvres en esprit..... les pauvres en *esprit,* a-t-il soin de dire clairement, c'est-à-dire les pauvres *volontaires,* et non ceux qui dénués des biens de cette vie, sont pauvres par force. Car, ainsi que l'a dit un Saint, la pauvreté est de trois sortes : il y a une pauvreté de

nécessité, une de paresse et une de bonne volonté » (11). L'on voit à quelle distance nous sommes de cette pauvreté toute matérielle dont une
église a fait la clef du paradis.

Et qu'on ne s'imagine pas que les riches seuls
soient tenus à cette pauvreté spirituelle ; les plus
dénués d'entre les hommes n'en sont point dis-
pensés. S'ils ne sont, eux aussi, délivrés de cet
amour des richesses, de ces vains désirs qui les
rongent, s'ils ne travaillent, pour avoir de quoi
vivre, et même de quoi donner, c'est en vain,
d'après nos Lyonnais, qu'ils compteraient sur
leur pauvreté pour avoir entrée au royaume des
cieux. Aidons-nous encore ici du traité vaudois.
— « Ce que Dieu demande, c'est ce qu'on a.
Aux apôtres, Il demande leur nacelle et leurs
filets ; à Zachée, la moitié de ses biens, à
la veuve, Il ne demande que deux pites ; à
un plus pauvre encore, c'est un verre d'eau
froide. Que si vous prétendiez n'avoir pas même
ce verre d'eau à offrir à qui est plus pauvre
que vous.... la bonne volonté suffirait, et Dieu
vous l'imputerait comme si vous aviez accompli
l'œuvre même ». Les malades, par exemple, sont

bien pauvres, eux qui ne peuvent ni parler ni rien faire que prier et désirer..... ; cependant, si le pauvre est humble, le Seigneur exauce son souhait ». « On est, dit l'apôtre, on est agréable à Dieu selon ce qu'on a, et non point selon ce qu'on n'a pas ». Et d'ailleurs, ainsi que l'a dit S. Grégoire (pape en 604), « la main n'est jamais vide quand le coffre du cœur est rempli de bonne volonté ».

« Ainsi donc, comprenons-le bien, continue le traité, dire *Ton règne vienne*, c'est autant que faire cette prière au Seigneur, qu'il nous donne la pauvreté volontaire par laquelle son royaume doit venir. Donne-nous donc cette miséricorde qui procure aux plus pauvres ton céleste royaume; et puisqu'il doit rester fermé aux avares, à ceux qui soupirent après les biens temporels, enlève, ô Dieu, et déracine de nos cœurs tout désir des richesses ».

La paresse enfin était regardée comme la marque d'une âme irrégénérée. « L'homme, en effet, qu'anime une dévotion véritable, celui que l'amour de Dieu enflamme, ne se résignera jamais à vivre en fainéant. Au contraire, il s'étudiera de tout son cœur à se montrer occupé sans relâche de faire la volonté de Dieu sur la terre, comme les saints la font dans le ciel ».

Il est certainement à regretter que le royaume des cieux nous soit représenté ici plutôt comme le prix des sacrifices de l'homme que comme le prix du grand sacrifice de J. Christ ; selon l'E-vangile, ce qui ouvre le ciel au pécheur, ce n'est pas plus sa pauvreté que ses richesses, pas plus sa bonne volonté, que ses œuvres ; c'est la foi au sang de « Celui qui étant riche, s'est fait pauvre, afin que par sa pauvreté nous soyons rendus riches »(12). Sur ce point, les Pauvres de Lyon, comme tous les Vaudois avant la Réformation, semblent être restés un peu catholiques. Mais s'il s'agit du reproche qu'on fait à Valdo d'avoir favorisé la paresse de ses adhérents, ou de les avoir encouragés à la mendicité, il suffit de ce que nous venons de voir pour le réduire à néant. La corporation des *Frères mendiants,* qui s'éleva bientôt après Valdo, ce furent ses ennemis jurés qui la fondèrent, et son dessein était d'anéantir jusqu'au nom de Vaudois, si Dieu l'avait permis ; les frères mendiants, ce furent les moines de S. Dominique et de S. François. Il serait bien injuste de confondre les amis de Valdo, avec ces pères de l'horrible inquisition. Autant vaudrait prendre la brebis pour le loup. On ne dira pas non plus que les principes de Valdo et des siens fussent de nature à grossir le nombre de leurs adhérents; car si la foule put un instant s'attacher à eux « parcequ'elle avait mangé du pain », ceux qui ne cherchaient que cela ne durent pas longtemps goûter la manière dont ces chrétiens entendaient les devoirs de la pauvreté. Autant sont nombreux ceux qui disent : « qui me fera voir des biens », autant il est vrai aussi, comme le disait déjà la *Nobla Leyçon* ( 1100 à 1200 ), que malgré la promesse de Dieu..... d'accorder le royaume du ciel

> A ceux qui vivront de pauvreté spirituelle,
> Qui saurait où les trouver les aurait bientôt comptés
> Ceux qui consentent à être pauvres de leur propre volonté.

L'amour de l'argent, ce ver qui ronge le pauvre aussi bien que le riche, tel est donc le mal que les amis de *la pauvreté spirituelle et volontaire* eussent voulu extirper de leur cœur

même, en transportant leur trésor de la terre
dans le ciel, en envoyant, comme on a dit,
leurs richesses devant eux. S'ils n'y réussirent
pas, si même « la bonne volonté », prit dans
leur enseignement beaucoup trop la place de la
foi toute simple, leur vie, d'un renoncement
exemplaire, fut du moins une puissante protes-
tation contre un clergé que dévorait l'amour de
l'argent. Au reste, il ne faut point l'oublier, ce
ne sont pas ceux qui cherchent le royaume de
Dieu et sa justice qui sont les mieux disposés
pour tout abandonner, ce sont ceux qui les ont
déjà trouvés. Le vrai moyen de se détacher avec
joie des trésors d'ici bas c'est de s'attacher pre-
mièrement de tout son cœur à un trésor plus
grand et plus précieux.

# CHAPITRE CINQUIÈME

## L'école.

L'homme de bien croît en doctrine, dit l'Ecriture ; le juste s'avance comme la palme, il croît comme le cèdre au Liban : c'est l'histoire de toute plante que le Père a plantée, c'est aussi l'histoire de Valdo et de ses amis. A la profession de la pauvreté spirituelle ils vont joindre l'œuvre excellente de la prédication. « Après s'être longtemps contentés de cette pauvreté volontaire, nous dit l'allemand Polichdorf ( en 1344 ou 1444), Valdo et ses disciples considérant qu'au milieu de leur dénuement les apôtres du Seigneur n'avaient pas laissé que d'annoncer l'Evangile, ils commencèrent à prêcher eux aussi, la Parole de Dieu » (1). « C'était là, disaient-ils, un ordre de Jésus-Christ à ses disciples ».

« Cette coupable présomption devint la cause de leurs erreurs », s'écrie un prélat. Nous pensons au contraire que ce nouveau progrès dans l'obéissance les sauva.

Une simple communauté animée du désir de renouveler dans le monde l'exemple d'une vie plus conforme aux Ecritures, en s'attachant à suivre les traces de Jésus-Christ et de ses apôtres était digne de respect assurément ; mais à la longue, elle aurait difficilement échappé au danger de s'endormir dans le sentiment trop naturel de sa propre justice. La prédication de l'Evangile, en mettant nos Pauvres de Lyon en contact journalier et en quelque sorte obligé avec la source de la lumière et de la vie, achèvera ce qu'avait si bien commencé la traduction des Livres Saints. Déjà Valdo lui-même n'avait rien négligé pour faire participer à ses lectures du texte biblique soit la foule des pauvres qu'il avait secourus de ses biens, soit les personnes avec lesquelles il était en relation d'affaires ou d'amitié. Il avait même fait plus que cela : profitant des passages des Ecritures qu'il avait pris la peine de graver dans sa mémoire, il n'avait pas craint de parcourir les quartiers de la ville de Lyon, « prêchant dans les rues et sur les places publiques à une multitude d'hommes et de femmes, qu'il exhortait à s'attacher, comme lui, à l'Evangile » (2). Et il n'était pas seul, car « de chacun de ses disciples Valdo faisait un nouveau prédicateur de sa doctrine ». Ce qui veut dire tout au moins qu'à mesure qu'il voyait un homme gagné à l'Evangile, il l'engageait à devenir une lumière à son tour, ne fût-il qu'un simple artisan. La prédication, pour Valdo, avait commencé en quelque sorte avec sa conversion.

Seulement, si ces premiers moyens d'évangélisation furent efficaces et bénis, ils ne pouvaient longtemps être les seuls. La nécessité de ne répandre qu'une doctrine purement biblique, le besoin d'étendre au dehors le champ de la mission, le désir de l'asseoir sur des bases plus solides, firent songer à la convenance d'avoir un ministère permanent et régulier, et par conséquent des ouvriers plus particulièrement choisis et préparés.

D'anciens auteurs nous parlent en effet d'une sorte d'*Ecole* ou d'*Institut* où se formaient ces évangélistes connus sous le nom plus spécial de *Paûre Valdenses de Lyon.*

« Choisissant parmi les membres de la Communauté ceux qui montraient une certaine disposition pour l'étude, ces *Valdenses* les soumettaient à une longue instruction, et cela aussi bien dans le dessein de les éprouver qu'afin de les rendre capables d'instruire les autres à leur tour » (3). Et comme parmi les élèves, il y en avait naturellement qui n'étaient pas en état de suffire aux frais de leur entretien, on leur vint en aide, non plus cette fois avec l'argent de Valdo, duquel les ressources étaient épuisées, mais au moyen d'une portion des collectes qui se faisaient à chaque réunion religieuse.

L'enseignement, donné en langue vulgaire, ne s'étendait pour lors guère au delà du texte même des Saintes Ecritures ou de ce qui pouvait en faciliter l'intelligence ; non que les Vaudois eussent rien contre les études, mais parceque, ainsi qu'ils le disaient plus tard (4), ils n'auraient guère eu les moyens de se livrer, dans les académies, à l'étude des lettres, et que d'ailleurs ils tenaient avant tout à ce qui pouvait leur servir plus directement à dissiper l'erreur et à propager la vérité ». Ce fut bien là aussi la pensée de Valdo : avant tout la Parole de Dieu ; tout pour l'intelligence et la prédication de cette Parole.

En conséquence, le premier soin des élèves fut de graver dans leur mémoire les portions les plus importantes, et même des livres entiers des Ecritures Saintes. « On leur fait apprendre par cœur les paroles des Evangiles et les écrits des apôtres, ainsi que les maximes des docteurs anciens »(5). Si un simple paysan pouvait, comme l'affirme Reinérus (vers l'an 1250), réciter mot pour mot tout le livre de Job, si d'autres savaient par cœur des chapitres entiers du Nouveau Testament, que ne durent point faire dans ce sens les élèves que l'on préparait d'une façon toute spéciale pour l'œuvre de la prédication, et dans un temps où la simple récitation du texte biblique produisait tant d'effet sur les auditeurs ?

Une chose qu'on ne nous dit pas, mais qu'il serait difficile de ne pas supposer, c'est le soin

que devait prendre chaque élève de se faire,
dans le courant de ses études, une copie aussi
complète qu'il le pouvait, sinon de la Bible entière, du moins du N. Testament. Avant l'imprimerie, et peut-être même encore depuis, ce fut
longtemps une des principales occupations des
Barbes Vaudois que celle de transcrire pour eux
et leurs troupeaux les Livres saints, qu'ils distribuaient en petits volumes portatifs et faciles
à cacher. Comment les Pauvres de Lyon auraient-
ils pu se passer d'avoir avec eux au moins quelques portions des Ecritures, et comment se les
procurer s'ils ne les copiaient de leur propre
main ?

Ce fut certainement encore pour son école
que Valdo fit traduire du latin en langue romane
un choix de passages ou de maximes tirés des
écrits de quelques Docteurs. On commençait
à l'accuser de prêcher une religion nouvelle :
« ce sont des ignorants, disait-on de Valdo et
des siens, ce sont des téméraires, des orgueil-
leux, des hérétiques » (6). Ces accusations à force
d'être répétées pouvaient entraver l'œuvre déjà
difficile de la prédication, et il convenait de

mettre les évangélistes en état de fermer la bouche aux contredisants. Pour répondre à ce besoin, Valdo avait recueilli des Pères de l'église ces maximes qui, « distribuées convenablement et groupées sous des titres divers, formèrent la collection de pensées que les Vaudois nommaient *les sentences* • (7). L'ouvrage terminé, ce fut encore à Etienne d'Anse et à Bernard Ydros, les mêmes qui nous sont déjà connus, que Pierre de Lyon donna charge de le mettre à la portée de ses élèves, le premier faisant toujours les fonctions de traducteur, et l'autre celles de copiste, comme ils avaient commencé et comme ils continuaient sans doute de faire pour les Ecritures.

Si les *Sentences* de Valdo sont les mêmes que celles qui remplissent les traités vaudois, il faut convenir qu'elles furent choisies avec un singulier discernement. Il suffit, pour s'en convaincre de lire les maximes suivantes que nous empruntons toutes à un seul et même traité (8). « Il est plus aisé de créer le monde que de justifier le méchant ». (Augustin). « Les hommes ne peuvent donner le Saint-Esprit, quelle que soit d'ailleurs leur sainteté ». ( Ambroise ). « Celui-là seul pardonne les péchés qui est mort pour nous ». — Et encore: « c'est la Parole de Dieu qui pardonne les péchés: le prêtre n'est que le juge ».

Les citations de ce genre reviennent si fréquemment dans les écrits des Vaudois qu'on ne peut guère s'empêcher de croire que leurs auteurs avaient, en les composant, leur petit recueil de sentences dans la mémoire ou sous les yeux. Ce qui prouve au reste que les maximes glanées et traduites par les soins de Valdo ne furent point inutiles à ses évangélistes, c'est ce qu'on disait de cet ouvrage: « Ces gens, murmurait-on, vont glanant des paroles d'Augustin, de Jérôme, de Grégoire, d'Ambroise, de Jean Chrysostôme, et d'Isidore, dans le double dessein, d'*appuyer* de ces passages tronqués les inventions de leur cerveau, et de mieux *résister* aux attaques de leurs adversaires. C'est ainsi qu'ils surprennent les simples en colorant des plus belles sentences des Pères leur doctrine sacrilége ». « Au reste, ajoute loyalement notre auteur (9), l'intention de ces Vaudois de Lyon, en s'ornant de ce que les anciens ont dit de plus admirable, est bien moins de donner à leur secte un appui solide *( auctoritates )* qu'un beau vernis, tant ils sont persuadés, quant à eux, qu'ils n'enseignent rien que de parfaitement salutaire ».

Outre les *Sentences* dont nous venons de parler, les missionnaires de Valdo avaient également à leur usage certaines poésies ou compositions cadencées qu'ils nommaient *les trente degrés de S^t Augustin*, et dans lesquels, dit Jvonet, ils font de leur mieux pour inspirer l'amour du bien et l'horreur du mal. — « Seulement, ajoute-t-il, ils ont eu l'adresse d'y introduire les erreurs de leur culte et de leurs doctrines (*ritus et hœreses*), dans l'espoir d'en augmenter l'attrait sous cette forme versifiée, et de les graver d'autant mieux dans la mémoire ». — L'auteur fait de plus observer que les Vaudois « avaient dans ce même dessein, composé nombre d'autres écrits qui ne manquaient pas d'une certaine beauté ».

Il y a bien, en effet, d'*autres écrits*, tant en prose qu'en vers, que l'on attribue quelquefois aux Pauvres de Lyon. C'est ainsi que, sans compter les traités perdus ni ceux qui sont mutilés, il nous reste un traité *De la temor del Segnor*, un autre *De las tribulations*, un petit écrit intitulé *De la podestà donà a li Vicari de Krist*, un sermon *Del judici*, une explication des *Dix Commandements*, une autre et même deux de l'*Oraison Dominicale*, et d'autres livres encore, tous en langue romane. Si notre historien, Pierre Gilles, qui paraît avoir vu les « doctes et chrétiens écrits » de Valdo, avait eu l'heureuse pensée de nous en transcrire quelque chose ou tout au moins de nous en donner les titres, ce serait ici le moment d'en parler, et nous ne manquerions pas d'y trouver comme lui (10), des « témoignages assurés de la grande doctrine et singulière piété » du réformateur de Lyon. Mais ne voulant pas risquer d'attribuer à Valdo ce qui pourrait ne point lui appartenir, nous nous bornerons à dire que plusieurs des traités vaudois qui nous restent reflètent d'un bout à l'autre ses sentiments, et lui sont très probablement redevables de quelque chose.

Tel était, pour autant que nous avons pu le découvrir, l'enseignement que recevaient les évangélistes de Lyon vers l'an 1178.

Cet enseignement comprenait-il d'autres branches encore? On le dirait, à voir les titres de certains *manuels* employés par les Barbes vaudois dans leurs écoles. — Cependant tout ne pouvait arriver en même temps, et Valdo avait déjà beaucoup fait en donnant l'exemple et l'impulsion. Si plus tard on constate que « le peuple vaudois a eu des pasteurs fort soigneux de bien instruire la jeunesse et surtout les escholiers de bonne espérance (11); » si les Barbes eux-mêmes ont été en général « fort doctes, bien versés ès sciences, langues et intelligence de l'Escripture Saincte ainsi que des docteurs de l'ancienne église, » et cela au point qu'on venait d'Alsace et de Bohême pour étudier à l'Ecole des Vaudois de Lombardie, — ce n'est point trop accorder à Pierre de Lyon que de faire en partie remonter jusqu'à son Ecole la cause de ces beaux résultats.

Si imparfaites que fussent les études qu'on y faisait, elles ne laissaient pas, en effet que d'amener les élèves au point de pouvoir exposer la vérité d'une manière plus attrayante que ne l'eussent désiré leurs ennemis. — Ce n'étaient que des ignorants, au dire de ceux-ci : « mais avec tout cela, se hâtait-on d'ajouter, par leurs discours doux comme le miel ils captivent les simples, et leurs paroles toujours pleines de grâce gagnent tous les cœurs (12) ». Valdo n'avait donc point travaillé pour néant.

# CHAPITRE SIXIÈME

## Les Magistri ou Evangélistes.

C'est aux évangélistes sortis de l'école de Valdo que les adversaires, ainsi que nous l'avons vu, appliquèrent plus spécialement le nom de *Pauvres de Lyon*, ou mieux de *Paûre Valdenses de Lyon*. On les appela aussi quelquefois les *Parfaits*, soit par allusion à la parole de Jésus au jeune homme riche (MARC. x), soit à cause de l'instruction plus avancée qu'ils avaient reçue. « Il faut, dit un auteur du XIIIe siècle (1), distinguer deux degrés dans leur secte(2). Au plus élevé appartiennent ceux qu'on nomme *parfaits*, et ce sont eux proprement qu'on appelle *Paûre Valdenses* de Lyon.

» Tous ne sont pas admis dans cette classe ( *formam* ), mais ceux-là seulement qui ont passé par une longue discipline, et qui possèdent une culture suffisante pour être en mesure d'instruire les autres ». Quant à eux c'est tout au plus s'ils ont accepté le nom de Maîtres ou *Magistri* qu'on rencontre également sous la plume de leurs adversaires. D'après Yvonet (3) ce sont aussi les missionnaires de Valdo qui faisaient plus particulièrement profession de pauvreté. Partant de la recommandation de Jésus-Christ aux soixante-dix, le jour qu'il les envoya prêcher l'Evangile du Royaume (4) , et désireux aussi d'abandonner au clergé romain ces biens temporels qui avaient tant corrompu l'église, ces nouveaux ministres de la Parole « se firent une règle de ne rien posséder en propre ni or ni argent, ni terres ni maisons, pas même un domicile fixe ». « Sans inquiétude pour le lendemain, disaient plus tard (vers 1210) à Innocent III, certains Vaudois infidèles qui n'avaient pourtant pas tout oublié, nous n'acceptons ni or ni argent, ni quoi que ce soit de cette nature, à l'exception de notre vêtement et de notre pain quotidien ».

C'est bien à tort toutefois qu'on les accusait de mendier leur pain de maison en maison.

Autant les missionnaires étaient désintéressés,
autant leurs petits troupeaux prenaient soin
d'eux et de leur entretien. « Ce sont leurs disciples, nous dit-on, qui pourvoient à leur sub-
sistance, et qui songent à leur fournir tout ce
qui leur est nécessaire » (5). Non seulement ceux
qui profitaient de leur ministère se faisaient un
devoir de fournir à leurs *Magistri* ce qu'ils pouvaient de mieux en fait de nourriture et de
logement, mais encore les fidèles faisaient entre
eux des collectes dont un tiers, au moins, était
déstiné à subvenir aux dépenses de leurs conducteurs spirituels, qui de leur côté se consa-
craient tout entiers à l'œuvre du Seigneur. S'il
arrivait que les contributions fussent insuffi-
santes, comme cela était facile, alors les *maîtres*, à l'exemple de St Paul, travaillaient de
leurs mains pour n'être point à charge à autrui.

Dans l'écrit que les Vaudois présentèrent aux
Réformateurs en 1530, tout à côté de la déclaration que les Barbes continuaient d'être entre-
tenus par les subventions volontaires de leurs
troupeaux, on lit aussi qu'ils vivaient dans le
célibat. Il ne paraît pas que cette coutume re-

monte jusqu'à Pierre Valdo. Que ces missionnaires ambulants se recrutassent de préférence
parmi les jeunes gens et les hommes non ma-
riés, que pour vaquer plus librement à l'œuvre
qui leur était commise ils aient quelquefois
quitté leurs foyers et leurs familles, c'est ce que
les circonstances et la difficulté des temps de-
vaient rendre inévitable.

Il n'était pas sans exemple cependant que l'é-
vangéliste Lyonnais se fît accompagner par sa
femme au grand scandale des prêtres et des
moines, il est vrai, mais persuadé quant à lui
qu'en cela même il ne dépassait point la ligne
de conduite suivie par tels d'entre les apôtres
et approuvée de S$^t$ Paul dans les termes que
l'on connaît (1 Cor. ix, v, 5). Ceux qui s'assu-
jettirent au célibat par un vœu perpétuel et in-
violable étaient ces *Pauvres Catholiques* dont la
suprême gloire était de n'avoir absolument plus
rien de commun avec les Lyonnais (6).

Pour les Pauvres de Lyon, l'état de mariage,
au contraire est la règle ; et ils étaient si peu
disposés à y porter atteinte par le moindre en-
gagement qui pût ressembler à un vœu, qu'ils

s'en réclamaient comme d'un avantage immense.
« Vos prêtres, disaient-ils aux papistes, vos
prêtres sont incontinents, mais chacun de nous
a son épouse et vit chastement avec elle ».
( *Reinerus*, en 1250 ).

Ce qui distinguait extérieurement et d'une
manière plus frappante les Pauvres de Lyon,
c'était le costume qu'ils avaient cru devoir adop-
ter. On les représente vêtus d'une sorte de cape
de laine grise plutôt longue et grossière. Ils
avaient aussi une espèce de sabots ou de san-
dales qui laissaient à nu la partie supérieure du
pied. Cette chaussure portait le plus souvent la
figure d'une croix, d'une couronne ou d'un
bouclier ; et voilà ce qui scandalisait le pape
et ses moines. « Le royaume de Dieu ne consiste
pas dans le vêtement », disait Innocent III
( vers 1210 ) à ceux des *Pauvres de Lyon* qui
marchandaient avec lui les conditions de leur
retour à l'église romaine. Il avait raison ; mais
pourquoi donc faisait-il à ces mêmes missionnaires un crime de couper leurs cheveux à la
façon de tout le monde ? « Il y a une secte,
dit encore Ebérard de Béthune ( en 1180 ), qui

se donne le nom de *Valdenses*, comme s'ils habitaient une vallée de larmes..... Ces *ensabolés* (*Xabatatenses*) ainsi qu'on les nomme, préfèrent le nom d'une sandale à celui de Jésus-Christ ».

Pour toute réponse à ce propos, les Lyonnais faisaient observer « que les docteurs de l'église romaine sont pleins de faste dans leurs vêtements aussi bien que dans le reste de leurs mœurs ». « Quant à nous, ajoutaient-ils, pourvu que nous ayons la nourriture et de quoi nous vêtir, cela nous suffit » ( *Reinerus* ).

Au reste les missionnaires de Lyon n'étaient pas tellement épris de leur costume qu'on n'ait cru pouvoir les accuser de changer trop souvent d'extérieur au gré de ceux qui avaient charge d'épier leurs mouvements. « Cette espèce de curés (*isti curatores*), disaient les inquisiteurs, courent le monde sous différents habillements pour éviter d'être connus, et ils sont d'autant plus dangereux qu'ils prennent les formes les plus diverses, se déguisant et se travestissant de mille manières (7) ». Rien de plus difficile, disait-on, que de mettre la main sur un de ces missionnaires-là. Le cherchez-vous sous son extérieur ordinaire, il vous échappe sous la forme d'un voyageur ou d'un pélerin ; aujourd'hui vous croyez voir un barbier ou un cordonnier, demain ce sera un moissonneur venant des champs avec sa charge de blé sur les épaules. C'était à mettre au désespoir leurs ennemis. Ajoutez que lorsqu'on s'attendait à trouver un scélérat, le missionnaire avait le don de « prendre tous les dehors d'un saint et d'un parfait croyant (8) ».

Il est permis de croire toutefois que la réalité ne répondait pas trop mal à ces apparences recommandables ; car non seulement le peuple écoutait ces évangélistes avec plaisir, mais encore il les protégeait au besoin contre leurs ennemis, et plus on les voyait de près, plus on remarquait l'énorme distance qui les séparait d'un clergé ignorant ou corrompu.

Au nombre de leurs adeptes les *Pauvres de Lyon* comptaient quelquefois de nobles dames converties à l'Evangile. Nouveau moyen de se dérober aux recherches de leurs ennemis. Introduits par la châtelaine, ils ne tardaient pas à gagner à leurs sentiments les seigneurs et les autres membres de la famille. Puis sous la haute protection de ces puissants personnages, ils allaient et venaient librement sur leurs terres, où personne n'osait les toucher.

Bien plus : il n'était pas sans exemple que des membres même du clergé accueillissent généreusement sous leur toit les missionnaires évangéliques ; et lorsque l'inquisiteur se présentait pour les réclamer, il trouvait le curé du village beaucoup plus disposé à prendre la défense de son hôte, qu'à le lui livrer. La paroisse naturellement se rangeait du côté de son conducteur spirituel, surtout quand on le savait d'accord avec le seigneur du château. De là ces espèces de soulèvements de la population contre les moines qui venaient épier le pays. Demandaient-ils que l'hérétique fût dénoncé ? — Chacun gardait le silence. — Fallait-il des témoins ? — On n'en trouvait pas. — Des juges ? — Pas davantage.

De guerre lasse, l'inquisiteur quittait l'endroit, non toutefois pour longtemps ; mais en attendant, le missionnaire Vaudois reprenait son œuvre d'évangélisation, plus apprécié que jamais(9). Ailleurs les prêtres faisaient plus encore que de couvrir de leur protection les prédicateurs laïques ; ils leur ouvraient en quelque sorte les églises. « Dans ce temps-là, dit Jacques Ribéria, l'on ne faisait que peu ou point de cas de ceux qui se donnaient pour évêques ou ministres de l'église ; grâce à l'extrême ignorance des prêtres Il n'était pas mal-aisé à ceux qui avaient un peu d'instruction d'obtenir la préférence du peuple. Or comme les Vaudois étaient, entre tous, ceux qui savaient le mieux parler de religion, les prêtres les invitaient souvent à enseigner publiquement, non qu'ils approuvassent leurs sentiments, mais parcequ'ils les voyaient plus capables (10) ». Il y avait alors effectivement, dit un autre auteur, des Ariens et des Manichéens, que les Lyonnais ou Vaudois savaient seuls réduire au silence ; et voilà pourquoi plus d'un prêtre ignorant admettait ces derniers à parler en toute liberté (11).

Ces circonstances suffisent pour expliquer l'espèce de faveur dont jouirent quelque temps auprès du peuple les Pauvres de Lyon ; mais l'on aime à penser aussi que nombre de personnes, même au sein du clergé, se sentaient comme intérieurement forcées de rendre témoignage à ces messagers dont la vie était si recommandable, et l'enseignement si conforme à la Parole de Dieu.

# CHAPITRE SEPTIÈME

## La Mission.

Nous avons essayé de faire connaître les missionnaires lyonnais ; il faut maintenant les voir à l'œuvre.

Sans abandonner cette grande ville de Lyon, où depuis des années il annonçait et faisait annoncer l'Evangile jusque dans les rues et sur les places publiques, Valdo avait pensé aussi aux pays environnants. « L'on vit ses envoyés parcourir les campagnes voisines (1) », sans autres provisions que leur « petit livre, comme on l'appelait quelquefois, mais toujours pleins de zèle et de courage ». Ils allaient partout, s'adressaient à quiconque leur. paraissait favorablement disposé.

Tantôt ils s'arrêtaient sur les chemins, tantôt ils entraient dans les maisons où ils étaient invités ; un jour ils parlaient ouvertement sur la petite place du village ; un autre jour ils portaient leurs pas du côté d'une ferme isolée, d'autres fois ils osaient pénétrer dans la cour d'un château. Les églises même, nous l'avons vu, ne leur furent pas toujours fermées, et là comme ailleurs nos pieux évangélistes se faisaient écouter avec recueillement.

Tout en prêchant aux multitudes, nos missionnaires ne négligeaient point les entretiens particuliers. Ce que l'histoire nous rapporte de vingt ou trente ans plus tard ne pouvait différer essentiellement de ce qui se passait du temps de Valdo ; nous suivrons, sur ce point, le récit plus ou moins impartial d'un auteur anonyme (2).

« Ils ne négligent rien, dit-il, en parlant des Pauvres de Lyon, pour amener à leurs vues le plus grand nombre possible de personnes....... Rencontrent-ils des ignorants qui ne soient en rapport ni avec les Frères Prêcheurs, ni avec d'autres zélateurs de la foi catholique, ils aiment à les accoster ; puis captivant leurs cœurs

par une apparence de sainteté, ils sont bientôt
parvenus à gagner par de douces paroles ceux
qui ont eu l'imprudence de leur prêter quelque
attention. N'est-il pas vrai, ô bonne femme, disent-ils entr'autres choses, que si quelqu'un vous
montrait le chemin de la vérité ou vous parlait
des grandes choses de Dieu, vous seriez heureuse
de l'entendre ? Vous ne refuseriez pas, je m'assure, de voir le Seigneur et d'ouïr sa parole
même. Combien ne serait-il pas précieux pour
vous d'obtenir de Dieu toutes vos demandes,
jusqu'à être rendue semblable aux saints et aux
anges qui sont dans le ciel ! — Entraînée par
ces discours la pauvre femme redouble d'attention, et déjà elle les boit avec avidité.

« C'est alors, continue notre auteur, que l'hérétique entreprend tout de bon son enseignement. D'abord ce sont des exhortations à rechar-
cher la pureté avec l'humilité, et d'une manière
générale, à fuir le mal pour s'attacher au bien.
Viennent ensuite les paroles mêmes de Jésus-
Christ et des Apôtres, que le missionnaire ac-
compagne de telle ou telle maxime empruntée
aux saints docteurs. Bref, il fait si bien que la

bonne femme croit entendre un ange du ciel plutôt qu'un homme.

» Quand il a tout dit, notre Vaudois prend congé de la novice, non sans lui recommander le secret le plus absolu. Un trésor qu'on vient de découvrir, dit-il, se doit tenir caché, et les secrets du ciel ne veulent pas à l'aventure être exposés aux regards des indignes.

» La femme garde alors ces instructions d'autant plus religieusement qu'elle s'estime honorée d'une faveur toute spéciale de Dieu.

» Elle a reçu, en attendant, certains écrits touchant la bienheureuse Vierge ou les Saints, écrits destinés soit à l'éprouver, soit à réveiller en elle le désir d'en savoir davantage. Lorsque l'épreuve est suffisamment prolongée, si la femme est demeurée ferme et a réussi à garder le secret, ou bien l'on ajoute quelque chose à ce qu'elle sait déjà, ou bien on lui assigne un nouveau maître, qui, sous le voile d'un commerce ou d'une industrie, puisse continuer avec elle des entretiens plus suivis, toujours en évitant d'être découvert (3) ».

Ce n'était qu'après s'être indissolublement attaché leur prosélyte que les missionnaires de Lyon se hasardaient à l'initier plus avant dans leurs sentiments. Tout d'abord, avaient-ils coutume de dire, on ouvre les yeux à la lumière, mais ensuite il faut trouver la vérité. Lumière ou vérité, c'était toujours « dans la Parole de Christ et des Apôtres », toujours dans les Ecritures qu'ils la cherchaient. « Ouvrant donc le le petit livre », ils s'appliquaient à montrer à leur catéchumène ce que doit être le disciple de Jésus, et trois mots leur suffisaient : regardez à Christ, écoutez sa parole, suivez ses traces et celles de ses Apôtres. Ceux-là seuls sont leurs successeurs qui savent leur obéir et les imiter. La polémique venait ensuite, et l'on devine assez sur quels points elle devait porter.

Ce que vient de dire Yvonet au sujet du petit *commerce* dont se couvrait quelquefois le missionnaire ambulant a sans doute fait penser au colporteur vaudois. Une vieille chronique de l'Abbaye de Corvey ayant mentionné aussi cette manière ingénieuse de propager la vérité biblique, comme une chose qui se voyait déjà au douzième siècle, on peut bien croire que le *marchand* de Lyon n'aura pas été complètement étranger à cet expédient. « De simples gens du peuple, dit la chronique, séduit par cette vieille mauvaise race d'hommes qui habitent les Alpes et pays d'alentour..... des marchands *qui savent la Bible par cœur,* arrivent souvent par la Suisse, soit en Souabe, soit en Bavière, soit dans le Nord de l'Italie, où ils jettent le mépris sur les usages de l'église (latine) en les traitant d'innovations ».

Mais c'est Reinerus (1250) qui nous a conservé sous la forme la plus fraîche ce genre d'évangélisation. « Afin de se procurer, nous dit-il, un accès plus libre auprès des riches aussi bien qu'auprès des pauvres, ces vaudois avaient coutume de porter avec eux des boîtes remplies de marchandises de toute espèce, qu'ils allaient vendre de maison en maison. — Monsieur, disait le mercier, ne voudriez-vous point acheter un bel anneau ? — Et vous, madame, voyez ce mouchoir de col, je vous le donne à bon marché. — L'acheteur demandait-il au mercier s'il n'avait plus rien à faire voir, celui-ci répondait aussitôt :

j'ai encore un trésor infiniment plus précieux que tout cela ; je vous le montrerais, si vous vouliez bien ne pas me livrer au clergé. Quand on lui promettait le secret, il continuait en disant : la perle dont je vous parle est d'un tel éclat qu'elle donne la connaissance de Dieu ; reçue dans votre cœur, elle vous enflammera d'un saint amour envers votre Maître : c'est la Parole de Dieu, où le Seigneur a révélé aux hommes sa volonté. Si vous le jugez bon, convoquez votre famille, et sans argent, je vous ferai part de mon trésor ». Puis il commençait à leur réciter par cœur, avec une chaleur extrême, des chapitres entiers de l'Ecriture, en les disant mot pour mot ; après quoi il en expliquait le contenu.

Souvent, la famille, pour s'instruire plus à fond, cachait pendant des semaines le colporteur ; d'autres fois le mercier passait outre, pour aller ouvrir dans une autre localité sa boîte et son trésor.

Les Pauvres de Lyon ne se bornaient pas à la propagation de l'Evangile parmi les catholiques romains ; lorsque par-ci par-là ils étaient parvenus à former un noyau de chrétiens, ils allaient deux à deux visiter leurs frères dans les chaumières aussi bien que dans les châteaux pour les encourager à la persévérance. Souvent aussi, quand la chose était possible, ils les réunissaient en un seul endroit pour les voir tous ensemble. Naturellement ce n'étaient pas toujours les mêmes évangélistes qui passaient, et il y avait d'ordinaire certaines précautions à prendre pour ne pas donner l'éveil.

« A peine arrivés auprès de leurs gens, dit l'auteur déjà cité (Ivonet), leur premier soin est de se donner à connaître en faisant comprendre qu'ils sont envoyés par leur chef. Puis choisissant un endroit plutôt caché pour y être aussi en sûreté que possible, ils reçoivent là leurs disciples, qui viennent en grand nombre voir et entendre ceux qu'ils appellent leurs maîtres et leurs confesseurs (5).

Pour leurs *réunions* comme pour leurs écoles, ils ont quelquefois des maisons entourées d'un fossé, ou protégées de manière à prévenir toute surprise et trahison ». « C'est la nuit surtout, quand tout le monde est plongé dans le sommeil, que ces gens aiment à tenir leurs conventicules, se croyant plus libres alors d'exercer leur ministère sans autorité ». Ces assemblées étant ainsi plus ou moins secrètes, on pense bien que tout devait s'y passer avec le moins de bruit possible. C'était la lecture et l'exposition de la Parole de Dieu, lecture que l'on écoutait avec d'autant plus d'attention qu'on n'avait pas toujours sous les yeux un exemplaire copié. C'était aussi la prière, l'action de grâce avec la confession des péchés, le tout en langue vulgaire.

Du chant, il n'en pouvait pas être question dans ces temps difficiles où un rien aurait suffi pour trahir le petit rassemblement. Quand on célébrait la Sainte-Cène, ce qui se faisait également dans ces réunions, on suivait d'aussi près que possible l'institution du Seigneur. « En rompant le pain sur leur table, *in mensâ suâ*, et en se le passant des uns aux autres ainsi que la coupe, ils se contentent de réciter en langue vulgaire les paroles de l'institution telles qu'elles sont dans l'Evangile ». C'est encore à Ivonet que nous devons ce renseignement (6).

Enfin n'oublions pas de mentionner les collectes d'argent qui se faisaient dans ces mêmes assemblées. Rien ne se fait de rien. Valdo l'a bien montré. Et si pendant des siècles les Vaudois ont pu suffire à tous leurs besoins, y compris celui de leur œuvre missionnaire, c'est apparemment que chacun parmi eux avait appris à *donner selon son pouvoir*. Dans leurs réunions, nous dit l'auteur déjà cité, non seulement ils apportent à leurs maîtres ce qu'ils ont de mieux en fait de nourriture, mais encore « ils établissent des collectes dont le produit est consacré soit à l'entretien de ceux qui les instruisent, soit au soutien des étudiants peu moyennés ». Une troisième partie de cet argent allait aux besoins généraux de la mission.

Au reste, si Valdo avait établi une classe d'hommes expressément consacrés à la prédication, si même au dire de l'inquisiteur Moneta ( an 1240 ) le réformateur Lyonnais avait demandé pour lui l'imposition des mains à l'assemblée de ses frères, il n'en est pas moins vrai que tous les membres du troupeau nous apparaissent animés du même zèle. « Ils prêchent tous et partout ( nous dit Bernard de Foncaud, mort en 1193 ), sans distinction de rang, d'âge ni de sexe. « Chaque laïque, d'après Saint Paul ( 1 Cor. 14 ), et même les femmes ont le devoir de prêcher ». « Tous, dit encore Reinerus, hommes et femmes, enfants et grandes personnes, ils ne cessent jour et nuit d'apprendre et d'enseigner. Le simple ouvrier occupé tout le jour à son travail passe une partie de la nuit à instruire les autres où à s'instruire lui-même. Chez eux l'on étudie plus encore qu'on ne prie. Avec ou sans livres, ils ne laissent jamais d'enseigner quelque chose, et l'école se continue jusque dans ces Refuges où ils retirent leur malades ». « Tel n'était qu'un écolier, il y a huit jours, qui aujourd'hui cherche déjà à communiquer ce qu'il sait ».

Il n'est pas jusqu'aux toutes jeunes fillettes ( *puellas parvulas* ) à qui ces Lyonnais ne fassent apprendre l'Evangile et les Epîtres, pour les former dès l'âge le plus tendre à leur manière de voir. Ces enfants, à leur tour, partout où elles trouvent qui veut les entendre, font leur possible pour inculquer aux autres leur petit savoir ». (Ivonet).

Le travail de la mémoire avait beaucoup plus d'importance alors qu'aujourd'hui. Comme la multiplication des exemplaires de la Bible ne pouvait avancer que lentement par la voie des copistes, et qu'elle était d'ailleurs fort coûteuse, on usa, dit M. Bost, de l'excellent expédient de faire apprendre par cœur les passages les plus importants et même des portions entières de l'Écriture. Ici tout le monde pouvait se rendre utile, le disciple de sept jours comme le plus avancé, les enfants aussi bien que les adultes. Tous, en récitant leur Bible, contribuaient pour leur part à répandre autour d'eux la connaissance et l'amour de la vérité évangélique ; et cela sans crainte de se tromper jamais, sans danger d'induire personne en erreur. Ajoutons que dans la bouche de gens aussi convaincus, la récitation de la Parole devait être bien autrement chaleureuse que la simple lecture.

Pour arriver à bien savoir, il fallait, il est vrai, quelque peine, et plus d'un s'en effrayait. Celui-ci était trop vieux pour étudier ; celui-là, mal placé, plusieurs n'avaient pas le temps. On les encourageait alors comme on pouvait. Eh ! bien ! leur disait-on : apprenez un mot chaque jour, un mot seulement, au bout de l'année vous aurez trois cents mots au moins, grand ouvrage dont vous serez contents vous les tout premiers » (7).

En général, cependant, la ferveur était si grande aux premiers jours, parmi les disciples de Valdo, qu'au dire de Reinerus, l'un d'eux poussé par le désir de gagner quelqu'un à sa foi, ne craignait pas de traverser chaque nuit à la nage la rivière de l'Ipsa, au cœur de l'hiver. A quoi l'inquisiteur ajoute, qu'il y a loin du zèle que déploient ces Léonistes à la coupable indolence des docteurs catholiques.

Une chose du moins est certaine, c'est que Valdo et ses amis avaient bien compris ce mot de Chrysostôme : Tout prédicateur n'est pas un enfant de Dieu, mais tout enfant de Dieu est un prédicateur.

# CHAPITRE HUITIÈME

—

## La Rupture.

———

Quand le marchand de Lyon fut pour la première fois rendu attentif à la voix de Dieu, il
était loin de prévoir jusqu'où cela devait le conduire; et lorsqu'il dirigeait ses deux filles sur
le couvent de Fontévrault, il n'y avait guère à
craindre qu'un tel homme finirait par être
excommunié. C'est là pourtant qu'on arriva,
tant il est vrai que, sur le chemin de la vérité,
l'homme marche et un autre conduit ses pas.

Depuis cette mort subite qui avait si vivement
impressionné Valdo, jusqu'à ce dimanche de
l'année 1173 où il s'était détourné pour entendre
le troubadour, bien des années avaient pu s'é-
couler, assez peut-être pour donner quelque
raison aux historiens qui ont fait remonter à

1160 et plus haut encore le réveil du marchand.
Ses aumônes avaient naturellement attiré sur
lui l'attention du peuple et des pauvres de la
ville; l'archevêque Guichard avait même pu faire,
à ce sujet, quelque remontrance à son riche
diocésain pour diriger ses largesses ici plutôt
que là; mais rien ne fait croire que Valdo ait
été inquiété dans cet intervalle par l'autorité
ecclésiastique. Nous ne pensons pas non plus
qu'il ait été question de lui dans les deux conciles convoqués par le Pape Alexandre à Tours
en 1163, et à Rome en 1167 ou 1168, le premier s'étant occupé des dissidents de Toulouse
et de Gascogne, et le second ayant eu pour
principal objet de déposer l'empereur Frédéric
Barberousse.

Nous voici donc à l'année 1173. L'entretien
de Pierre de Lyon avec le ménestrel de la rue,
la visite qu'il fit le lendemain au docteur de
théologie, l'avaient amené à ouvrir la Bible,
et ce fut un pas décisif. Le moment toutefois
n'était pas venu de rompre avec l'église. —
Cette Parole de Dieu, Valdo la lit, il la sonde
ne pensant d'abord qu'au salut de son âme. A-

mesure qu'il avance, son esprit se porte quelquefois, il est vrai, de l'Evangile à l'église; il
compare, il voit d'étranges contrastes..... Mais
non! dans ce miroir de la loi de Dieu, il ne
veut considérer pour le moment que son propre
visage, il lit pour lui-même et pour ceux de sa
maison, il lit pour ses pauvres devenus en
quelque sorte membres de sa famille. La vue
de ces indigents, brebis sans berger, lui inspira-
t-elle la pensée de fonder quelque chose comme
une association qui s'occupât de leur âme en
même temps que de leur vie matérielle? Rien
d'impossible, nous l'avons vu.

Ce que nous voulons constater seulement c'est
que pour tout cela l'autorité ecclésiastique ne
s'alarma point. Apparemment qu'à ses yeux il
y avait jusque là moins à craindre qu'à espérer.

Chose étrange, même la traduction des Ecritures en langue vulgaire ne paraît pas avoir
d'abord réveillé les soupçons du clergé; du moins
on ne voit pas que Valdo ait eu à faire mystère
d'un ouvrage aussi important. Qui sont en effet
ses collaborateurs? Deux jeunes prêtres qui ne
partagèrent jamais ses sentiments, puisque l'un

et l'autre furent plus tard élevés à des fonctions ecclésiastiques dans la ville même de Lyon. Grégoire VII avait, à la vérité, interdit la lecture de la Bible en langue vulgaire, mais il y avait un siècle de cela, et la bulle pouvait être oubliée. Valdo fut si peu inquiété, dans le commencement, pour sa traduction des Ecritures, que nous l'avons vu s'empresser d'en offrir au Pape les premiers livres et compter sur le bon effet que produirait cet ouvrage pour lui faire obtenir du Concile de 1179 la faculté de prêcher.

Nous avouons bien qu'il s'était fait une étrange illusion. Tant que la lumière demeurait plus ou moins sous le boisseau, la tolérance était aisée ; mais dès qu'on parla de la placer sur le chandelier et de publier la vérité au moyen de la prédication, le moment parut venu pour l'église de s'occuper sérieusement de ce Pierre de Lyon, déjà si connu. Son dessein de prêcher et de faire prêcher au peuple cet Evangile que tant de personnes, depuis des années, lisaient en langue vulgaire, la propagande en un mot, voilà ce qui donna le premier éveil au clergé.

Avant le concile de 1179, les prédications de
Valdo et de ses compagnons lui avaient tout au
plus attiré une ou deux admonitions de l'archevêque. On était en conséquence revenu à la pure
exposition du texte biblique en langue vulgaire,
et l'autorité avait fermé les yeux. C'est que le
moment approchait où le troisième concile de
Latran allait s'ouvrir et résoudre toutes les difficultés. Chacun l'attendait avec impatience, persuadé comme toujours qu'il en sortirait des
choses merveilleuses.

Le jour venu, c'était le cinquième du mois
de Mars 1179, plus de trois cents évêques avec
un nombre double d'autres membres du clergé
accourus de tous les pays catholiques, se trouvèrent à Rome au palais de Latran. Assis sur
un siége élevé, et entouré des cardinaux, des
préfets, des sénateurs et des consuls de Rome,
le Pontife ayant à ses côtés l'empereur Frédéric,
dirigeait ou suivait avec orgueil cette brillante
assemblée.

Un jour, on vit arriver deux hommes d'un
extérieur modeste et tout laïque. Pénétrés de
respect pour la sainte ville, ils avaient même

ôté leur chaussure. Ils demandaient à présenter au Pape « un volume contenant les psaumes et divers livres de l'Ancien et du Nouveau Testament, le tout avec texte et réflexions en langue romane ou gauloise ». Nous venons de désigner les deux envoyés de Valdo, ou plutôt de *Valdes*, comme l'appelle G. Mapée (1179). « Ces hommes sans culture, à ce qu'il prétend, ne craignaient pas de vanter leur expérience dans l'art de prêcher, et ils mettaient une insistance toute particulière à se voir, comme tout de nouveau, confirmer dans cette profession ».

L'accueil qu'on leur fit fut d'abord assez bienveillant, car au dire d'un autre témoin, l'on vit le Pape Alexandre « donner à l'un de ces Vaudois le baiser fraternel, et approuver de tout point son vœu de pauvreté volontaire » (1).

Quant à l'autorisation de prêcher, dont les délégués Léonistes semblaient d'ailleurs ne demander qu'un raffraichissement, en se fondant sur l'expérience qu'ils avaient acquise et sans doute aussi sur une précédente demi-permission, il fut convenu qu'ils pourraient l'obtenir du Pape; mais à la double condition qu'ils ne

s'écarteraient pas de l'enseignement des quatre
grands docteurs, Ambroise, Augustin, Grégoire
( pape, m. en 604), et Jérôme, et qu'ils ne fe-
raient rien, en tout cas, que sur la demande ex-
presse et l'invitation formelle des évêques ou des
prêtres ». C'était retirer d'une main plus que l'on
n'avait donné de l'autre, une vraie moquerie.
Le concile, au reste, l'entendait bien ainsi; car
si nous en croyons encore ce même G. Mapée (2),
qui était présent, cette courte scène aurait fini
par la retraite des Vaudois au milieu d'un gros
rire de la grave commission nommée pour les
entendre.

Ils avaient donc repris le chemin des Alpes
pour rentrer à Lyon satisfaits de voir leur
communauté approuvée, mais persuadés aussi
que l'œuvre de la prédication allait devenir plus
difficile que jamais. S'il fallait attendre désormais que le clergé vînt prier les Vaudois de
prêcher l'Evangile au peuple, ils allaient sans
doute se voir pour longtemps condamnés au
silence; et d'un autre côté, s'ils s'avisaient de
prêcher de leur propre mouvement, ainsi qu'ils

avaient pu le faire avec plus ou moins de liberté jusqu'alors, tout était contre eux.

Déjà même avant de quitter la ville de Rome,
les envoyés de Valdo avaient pu voir certains
écritaux représentant le concile et portant cette
inscription :

« Sous le pontife Alexandre III et l'empereur
Frédéric I, les Vaudois sont condamnés comme
hérétiques » (3).

Preuve évidente que du côté de l'église la
lutte était engagée et qu'elle s'annonçait très
sérieuse.

Valdo cependant reçut avec résignation la réponse du concile, « tant il était loin, à cette
époque, de rejeter l'autorité papale ». On essaya
donc sincèrement d'obéir, car « pour quelque
temps la volonté du pontife fut respectée ».
Mais cela ne pouvait durer et Valdo qui savait
déjà par une autre expérience que nul ne peut
servir deux maîtres, ne tarda pas à s'apercevoir
qu'entre Dieu et le Pape il faut choisir aussi.

La mort d'Alexandre III arrivée le 30 août
1181, amenait au pontificat un homme plus
faible que lui, mais plus méchant peut-être,

le vieux Ubaldo de Lucques, alors évêque d'Ostie, lequel prit le nom de Lucius III. En même temps l'archevêque de Lyon était remplacé par Jean de *Belesmanis* autrement dit de Bellesmains, qui sera d'autant plus dévoué au nouveau pape qu'il lui devait sa promotion.

Ce prélat donc, à peine installé sur son siége, « voyant que Pierre Valdo et ses adhérents continuaient à répandre leurs erreurs, les fit nouvellement avertir qu'ils eussent à cesser toute prédication des Ecritures ». Valdo répondit qu'en toute simplicité il ne faisait qu'exposer la pure parole de Dieu. Puis se remettant à l'œuvre, il insistait d'autant plus sur la lecture et sur ce qu'il appelait l'*exposition* de l'Evangile que la prédication publique en était moins tolérée. L'archevêque ne fut pas content. Pour écarter tout malentendu il résolut de mander par devers lui ces vaudois obstinés, et il leur défendit aussi bien l'exposition des Ecritures que la prédication proprement dite (4).

Pierre Valdo, qui avait jusque là fait preuve de tant de mansuétude, ne crut pas devoir pousser plus loin la soumission. Aux interdic-

tions du prélat il osa finalement opposer en toute
humilité l'ordre du Seigneur : « allez et prêchez
l'Evangile à toute créature ». On essaya de l'é-
branler en disant que « la perfection évangélique
consistait bien plus à courber humblement la
tête devant les docteurs de l'Eglise qu'à se
séparer de l'unité catholique ».

Valdo fit alors un pas de plus et répondit
ouvertement qu'*il vaut mieux obéir à Dieu qu'aux
hommes* ».

# CHAPITRE NEUVIÈME

---

## L'Anathème.

---

Si l'on s'en rapporte à Etienne de Bourbon qui accuse Valdo et les siens de s'être rendus coupables de *contumace*, il y aurait eu de la part de l'autorité ecclésiastique d'autres sommations encore, auxquelles on n'aurait pas répondu. — A quoi bon, en effet, aller entendre une seconde et une troisième fois des injonctions auxquelles on sait d'avance qu'on ne pourra pas se soumettre? Le peuple, de son côté, avait commencé de prendre quelque goût aux instructions bibliques des Pauvres de Lyon, et le courage de ces évangélistes à se maintenir en face d'un clergé dont les vices étaient connus et reconnus de tous, leur avait gagné la sympathie

générale. Sans trop s'y fier, Valdo profitait quelquefois de ces dispositions favorables.

A ceux qui venaient lui rapporter les mur-
mures et les menaces des ennemis : laissez-les,
disait-il, c'est l'envie qui les fait crier. Est-ce
notre faute si le clergé ne sait pas instruire le
peuple, ou s'il ne jouit pas d'une plus grande
considération ? (1)

Quelque temps encore l'archevêque se con-
tenta de menacer ; mais à la fin, voyant qu'il
n'y avait plus de remède et pressé d'en finir
avec ces obstinés, comme on disait, Jean de
Belles-mains résolut de frapper le grand coup :
il lança contre Valdo et les siens... la terrible
*excommunication*.

Un monarque en eût tremblé sur son trône ;
mais Valdo était, à cette époque, plus inébranlable que les rois, plus assuré que l'église qui
le frappait. Sans étonnement comme sans colère,
il se contentait de dire: « nul ne peut être
excommunié pour une bonne œuvre ; or s'il est
une œuvre excellente, parfaite, n'est-ce pas
celle qui consiste à enseigner la parole de Christ

et à représenter la nécessité de croire en Lui pour avoir la vie ? »

A qui s'arroge, contrairement à la volonté du Seigneur, le droit de s'opposer à une seule bonne parole nul n'est tenu d'obéir. D'ailleurs, continuait Valdo, en réalité il n'y a que Dieu qui puisse excommunier ; l'église n'a pas plus le pouvoir de perdre qu'elle n'a celui de sauver (2). Mais plutôt, considérons, disait-il à ses amis, à quel point cette excommunication nous assimile aux Apôtres, et elle nous apparaîtra comme une gloire, une bénédiction. Car si les prêtres nous maudissent et nous courent sus, autant en ont fait aux Apôtres les Scribes et les Pharisiens qui les ont chassés de la Synagogue pour avoir prêché l'Evangile.

Plus d'un néanmoins se sentait ébranlé en se voyant ainsi rejeté du sein de ce qu'on appelait l'Eglise. Valdo le redressait. « L'église, disait-il, la véritable église de Jésus-Christ, c'est nous qui la formons, nous qui voulons obéir au Seigneur, en suivant les paroles mêmes de l'Evangile et l'exemple des Apôtres ».

L'archevêque Jean avait fait tout ce qui dépendait de lui pour imposer silence aux Pauvres de Lyon. Les papes et les conciles ne montrèrent pas moins de zèle.

On a vu l'accueil fait aux envoyés de Valdo par le concile de 1179. Nous devons ajouter ici que si les Vaudois de Lyon n'avaient pas été expressément désignés, il y avait néanmoins tel canon qui les intéressait aussi directement que tous les autres dissidents. — Qu'on en juge par celui-ci : « Bien que l'église, comme a dit St. Léon, ait horreur du sang, elle ne laisse pas toutefois que de se faire aider par les lois des princes chrétiens, et l'on a vu parfois tel homme chercher un remède aux langueurs de son âme, poussé uniquement par la crainte d'un châtiment tout corporel » (3). Un sentiment de pudeur semble répugner encore à l'emploi de la contrainte brutale; on va l'étouffer au nom de la charité. — Écoutons un autre pape et un autre concile.

Sur la fin de l'année 1183, le pape Lucius III se trouvant à Vérone, où il s'était réfugié pour se dérober à la fureur des Romains, profita du passage de l'empereur Frédéric Barberousse pour y convoquer un nouveau concile. Nos Léonistes n'y furent point oubliés. « En la présence de notre cher fils l'empereur Frédéric, y fut-il arrêté, nous (pape Lucius) condamnons par ce décret toutes les hérésies... celles des Cathares ou Patarins, celle des prétendus *Humiliés* ou *Pauvres de Lyon*, celle des Passagins, des Joséphistes, des Arnaudistes... Et comme *quelques-uns*, sous prétexte de piété, *s'attribuent la faculté de prêcher*, nous comprenons sous un perpétuel anathème tous ceux qui, sans avoir été autorisés ni envoyés par nous ou par leur évêque, oseront prêcher tant en particulier qu'en public, tous ceux enfin qui pensent ou enseignent autrement que l'église romaine ». L'anathème tombait d'aplomb cette fois, sur Valdo et ses évangélistes, on ne pouvait s'y méprendre.

Cependant les Léonistes avaient beaucoup d'amis dans la ville de Lyon, comme dans tout le comté ; la chose n'était point inconnue à l'archevêque Jean, qui avait cru prudent de ne pas mettre les mains sur Pierre Valdo, tout excommunié qu'il était. Il fallait effectivement que ces Pauvres de Lyon fussent bien respectés pour nécessiter tant de ménagements et de temporisations de la part d'ennemis aussi acharnés à leur ruine. Le meilleur moyen de les atteindre était donc de les isoler autant que possible. C'est ce que fit le concile de Vérone. « Nous condamnons, est-il dit, au même titre quiconque donnera retraite ou protection à ces hérétiques ». Mais si protecteurs et protégés se dérobaient également à la vigilance épiscopale, qu'allait-on faire ? Le concile y pourvut : « dans chaque localité, dit le décret, l'évêque aura soin d'assermenter trois hommes, quatre au plus, leur faisant promettre que, s'ils apprennent l'existence dans leur voisinage d'hérétiques ou de personnes qui tiennent des conventicules ou qui mènent seulement une vie différente du commun des fidèles, ils les dénonceront à l'évêque » (4).

Nous assistons ici à la naissance de cette honte qu'on appelle l'Inquisition. Il n'y a, si l'on veut, rien qui soit entièrement nouveau puisque, vingt ans auparavant, le concile de

Tours avait décrété les mêmes rigueurs contre
d'autres dissidents ; la tâche de découvrir les
hérétiques et de les faire châtier est encore aux
mains des prêtres et des évêques , mais l'Inquisition est née , et l'on sent que l'espagnol Dominique de Gusman grandit de l'autre côté des
Pyrénées (né en 1170). — C'est donc pour étouffer
la voix de Pierre Valdo et des Pauvres de Lyon
que l'église romaine osa recourir à cette hideuse
institution, sous l'action de laquelle devait dis-
paraître chez ceux qui en étaient les instruments
tout sentiment d'humanité, d'amitié, de parenté,
de famille, toute crainte de Dieu. Notons seulement que nous sommes en l'an 1184 , au concile de Vérone , présidé par le pape Lucius III,
en la présence « de son cher fils l'empereur
Frédéric ». — Il est des fléaux de l'humanité
dont il faut connaître au moins l'origine.

Pour revenir à Valdo , il est à présumer que
s'il avait consenti à rentrer alors dans le silence,
on se serait contenté d'une soumission sans
éclat. Heureusement il était plus éloigné que
jamais de se disposer à une pareille infidélité.
Comme il avait laissé passer l'excommunication

de l'archevêque, il laissa passer l'anathème du pape et du concile. « Le pape Lucius, nous dit l'abbé Bernard de Foncaud, avait donc condamné les Vaudois; mais eux n'en persistèrent pas moins à répandre partout leurs doctrines ».

Deux fois encore de 1184 à 1190, les Pauvres de Lyon furent l'objet de décrets hostiles de la part des prélats assemblés. A Narbonne, l'archevêque Bernard Gaucelin, ayant convoqué une première et une seconde conférence, composée d'ecclésiastiques et de laïques, les accusés furent admis à exposer leurs sentiments et à répondre aux interrogations qui leur furent faites. Seulement, comme ils n'avaient pour juges que leurs ennemis, les Léonistes n'obtinrent naturellement d'autre résultat que celui de s'entendre pour la deuxième et la troisième fois déclarer hérétiques sur tous les points. Leur situation devenait donc de jour en jour plus difficile. — C'est en vain qu'ils avaient quitté le Lyonnais pour se disperser les uns d'un côté les autres d'un autre : partout ils furent traqués comme des bêtes fauves. Hâtons-nous d'ajouter que partout aussi « tantôt en secret, tantôt ouvertement, » ces fidèles serviteurs de Dieu continuèrent de rendre leur témoignage à la vérité, saisissant toutes les occasions d'amener les âmes au seul Médiateur entre Dieu et les hommes.

# CHAPITRE DIXIÈME

## La Dispersion.

Enfin l'archevêque de Lyon pouvait être satisfait : deux papes, deux conciles, deux conférences, en avaient dit assez pour confirmer l'anathème qu'il avait lancé contre la secte importune. Ce Valdo qu'il a expulsé de l'église, il ne restait plus qu'à le repousser de la commune en lui interdisant l'eau et le feu. C'était la règle en ces temps : ou rester docilement dans l'église, ou sortir du monde. — La société religieuse, au lieu de restituer simplement à l'État ceux qu'elle ne voulait plus dans son sein, lui livrait ceux-là même qui ne voulaient plus d'elle ; et le pouvoir civil à son tour, prêtait à l'église son épée pour la destruction des citoyens qu'il aurait dû protéger. — Les archevêques étaient d'ailleurs bien souvent des princes temporels. Ce n'était plus, à la vérité, le cas pour Jean de Bellesmains depuis (1184) qu'il avait cédé son comté à l'empereur; néanmoins il conservait assez d'influence sur les autorités du pays pour en obtenir tout ce qu'il désirait. Rien n'empêchait donc qu'il ne déclarât, pour en finir, Valdo et ses adhérents déchus du droit d'habiter plus longtemps dans la ville de Lyon et dans son territoire. La résolution fut bientôt prise. — Persuadé qu'ils étaient incorrigibles « il les expulsa de la terre », pour nous exprimer avec la rudesse d'Etienne de Bourbon.

Vainement les Pauvres de Lyon essayaient-ils de protester contre les décrets de cette nature en disant que l'église n'a aucun droit de se considérer comme maîtresse de la terre et des peuples, ils n'étaient compris de personne alors, non pas même du pouvoir civil, qui se faisait une gloire de prêter à l'église son bras de fer. — D'un autre côté, Pierre de Lyon avait depuis longtemps cessé d'être le riche négociant, l'homme honoré du peuple; les rangs de ses amis allaient s'éclaircissant de jour en jour, car son inébranlable fermeté effrayait les timides. Plus d'un cependant aurait consenti à le cacher ; mais lui, ne voulant pas se condamner à l'inaction pour sauver sa vie, préféra prendre le chemin de l'exil en quittant cette ville de Lyon qui devait lui être si chère, et où il laissait tant de frères trop faibles encore pour tout abandonner.

C'est peut-être à cette époque d'épreuves et de troubles qu'il faut faire remonter la formation de deux communautés, dont l'une conserva le nom de *Pauvres de Lyon*, tandis que l'autre préférait celui d'*Humiliés*. — S'attachant beaucoup moins à l'esprit de l'Evangile qu'aux formes extérieures qu'avaient adoptées les prédicateurs Lyonnais dans le commencement, ces Léonistes s'écartèrent toujours plus du chemin suivi par Valdo, et finirent, vingt ans plus tard, par offrir à Innocent III leur soumission, sous la dénomination commune de *Pauvres catholiques*. — Par l'organe de leurs chefs Durand, Bernard et Guillaume, ils demandèrent de pouvoir conserver, en même temps que le droit de prédication et de confession, d'abord leur costume primitif : cape de laine, cheveux coupés à la mode laïque,

chaussure ouverte par dessus, puis le droit
d'avoir leurs femmes avec eux, et celui de tra-
vailler de leurs mains plutôt que de recourir
à un salaire fixe et convenu. Pour le reste ils
se déclaraient disposés à obéir humblement au
pape et à tous les prélats. Après mûre réflexion, ils consentirent encore à l'adoption de la
chaussure ordinaire et du célibat, afin que
chacun pût voir qu'ils étaient prêts à se séparer
des Lyonnais tout autant au dehors qu'ils s'en
étaient détachés au fond de leur cœur. Ajoutons,
pour en finir avec cette triste histoire, que même
à ces conditions le pape ne voulut point se fier
à eux, et qu'il trouva plus sûr de remplacer
les *Humiliés* par les *Frères prêcheurs*, et les *Pauvres de Lyon* par les *Frères mineurs*, deux ordres
nouveaux d'où allait sortir le tribunal de l'Inquisition. Ainsi finirent, après vingt ou trente
ans d'une existence indécise, ces infidèles compagnons de Valdo, si même ils méritèrent jamais
d'êtres appelés de ce nom.

Après l'exil de Valdo, qu'on ne peut guère
placer qu'entre 1185 et 1190, quelques-uns de
ses disciples réussirent, pour un temps, à se dé-

rober aux poursuites de l'ennemi en se cachant ;
d'autres préférèrent quitter le pays à l'exemple
de leur chef. Mais où dirigèrent-ils leurs pas ?
C'est ce qu'il n'est pas aisé de dire. Essayons
pourtant si à la lueur de quelques données nous
ne pourrons pas suivre nos pélerins, en particulier celui qui de tous est le plus difficile à
découvrir.

Pierre Gilles, qui paraît avoir lu « les mé-
moires de ceux qui nous ont conservé par écrit
l'ordre des transmigrations » de nos Lyonnais,
nous apprend que vu « leur fort grande multitude, ils se divisèrent en plusieurs troupes, et
sous la conduite du Seigneur, en bon ordre, se
répandirent en diverses contrées ». L'historien
de Thou est plus précis. Selon lui, les Vaudois
chassés de Lyon et « devenus l'objet de la haine
et de l'exécration de tous, sans abri comme sans
patrie, se dispersèrent dans la province de Narbonne, dans la Gaule Cisalpine ( Piémont et Lombardie ) et plus particulièrement dans les Alpes,
où des retraites d'une parfaite sûreté les déro-
bèrent de longues années à l'attention » de leurs
ennemis. Si nous en croyons Catanée et Claude

de Rubis, Valdo en quittant la ville de Lyon serait entré dans le Dauphiné, où il aurait même séjourné quelque temps, avant d'aller plus loin. Le Dauphiné, qui s'étendait à l'Est du Rhône, de la Provence et de la Savoie, formait alors un état séparé dont Vienne était la capitale, et qui faisait pointe jusqu'aux portes de Lyon. En quelques heures Valdo se trouvait donc sur la terre indépendante et hors des atteintes de son principal ennemi. — Ainsi en sûreté, l'ardent missionnaire aurait passé quelque temps soit à prêcher l'Evangile dans ces montagnes, soit à chercher un refuge pour ses frères en la foi. Les historiens mentionnent de petites congrégations qui auraient surgi dans la Drôme à cette époque, et ils nomment Beauregard, la Baume, et plus haut encore les vallées de Freyssinière, d'Argentière et de Loyse.

Du Dauphiné à la Provence il n'y avait à franchir que la frontière, et l'on se trouvait dans un autre petit Etat qui offrait également un asile momentané. — Cette contrée, ainsi que le Languedoc et tout le midi de la France, relevait alors de l'Espagne. Plusieurs Vaudois se dirigèrent

de ce côté, ayant à leur tête, non point Valdo,
lui-même, mais un de ses collègues nommé Arnaud. — Ils trouvèrent partout des Albigeois
qui, à côté de tendances particulières, avaient cependant cela de commun avec les Pauvres de Lyon,
qu'ils n'admettaient d'autre règle de foi que les
Ecritures, et qu'ils ne reculaient pas devant la
mort pour maintenir leurs convictions contre
l'église de Rome. Cette circonstance fut un adou-
cissement à leur exil, et ils ne tardèrent pas à s'ac-
croître eux-mêmes considérablement dans tout
le midi. — Les deux conférences tenues contre
eux à Narbonne en 1184 et 1191 sont là pour
le prouver, et en 1192, un sauvage édit d'Alphonse, *marquis de Provence* et roi d'Aragon,
vint leur montrer une fois de plus que l'ennemi
ne les avait point perdus de vue.

« Nous ordonnons, dit le roi et marquis, que
les Vaudois ou Ensabotés, autrement dits Pauvres de Lyon.... déjà excommuniés par la Sainte
Eglise, quittent sans retard nos états et notre
territoire. En conséquence, et dès aujourd'hui
même, quiconque accueillera ces Vaudois ou
d'autres hérétiques, soit pour écouter leurs per-

nicieux enseignements, soit pour leur fournir de
la nourriture ou autre secours, aura par là même
encouru notre colère aussi bien que celle du
Dieu Tout-Puissant, en attendant qu'il soit puni
comme coupable de lèse-majesté jusqu'à la con-
fiscation de tous ses biens et sans appel.... En
outre, savoir faisons à chaque personne, noble
ou rôturière, qui dans toute l'étendue de nos
terres connaîtrait quelques-uns de ces miséra-
bles restés dans le pays plus de trois jours après
la notification du présent édit, que tout outrage
qui leur sera fait, — la mort exceptée, ainsi
que l'arrachement de quelque membre, — bien
loin de lui attirer aucun châtiment, lui assu-
rera notre reconnaissance et faveur souveraine ».

« Enfin voulant, par un excès d'indulgence,
laisser à ces malheureux le temps de quitter
notre territoire, Nous leur accordons jusqu'au
lendemain de la Toussaint (1192); après quoi
nous les abandonnons au pillage, à la baston-
nade et à tous les mauvais traitements sans ex-
cepter les plus honteux » (1).

Ce billet royal, adressé aux archevêques, aux
évêques et autres prélats, aux comtes, vicomtes

et gens d'armes, devait être lu à haute voix chaque dimanche dans les églises, et publié jusque dans la moindre bourgade par les autorités civiles. On se figure ce que les Pauvres de Lyon eurent à souffrir. Ils ne furent cependant pas entièrement extirpés, puisque l'édit promulgué par Alphonse en 1192 dût l'être encore en 1194 et en 1197 par Don Pedro, son fils et successeur.

Les Vaudois du Languedoc et de l'Ouest de la France ne furent pas mieux traités ; car en cette même année 1192, les statuts synodaux du diocèse de Tulle, en Limousin, nous avertissent de leur présence dans cette région en ces termes : « Pour ce qui concerne les hérétiques auxquels on donne le nom de *Vadoys*, nous ordonnons à tous les fidèles tant clercs que laïques, et ce en rémission de leurs péchés, qui pourront en découvrir, de s'assurer de leurs personnes et de les conduire chargés de chaînes à la résidence de Tulle, où ils recevront leur châtiment » (2).

Puisque nous sommes dans la France occidentale, disons ici que c'est très probablement de

cette contrée que partirent pour l'*Angleterre*,
des bandes vaudoises à plus d'une reprise. —
Henri II qui régna sur l'Angleterre de 1155 à
1189, était à cette époque, par lui-même ou par
sa femme Eléonore, maître de l'Aquitaine, de
la Guyenne et de la Gascogne, aussi bien que du
Poitou et de la Normandie. Or quoique bon catholique et persécuteur s'il en fut, il n'avait point
voulu sévir, comme on le lui demandait, contre
les dissidents de ces provinces. Son fils Richard II
qui lui succéda ( de 1189 à 1199 ), eut d'autres
préoccupations, et l'on voit très bien comment
il a pu arriver, entre les années 1182 et 1197,
que l'archevêque de Cantorbéry ait accueilli sur
ses terres de Darenth ( comté de Kent ) une petite
colonie vaudoise, qui lui payait cette rente an-
nuelle dont parle Adam Blair (3).

Pour revenir au continent, il n'est pas de pays
qui soit plus certain que l'*Italie* d'avoir donné
asile, si non à Valdo lui-même, du moins à un
grand nombre de ses amis. Sans parler de Nice,
où les Vaudois chassés de Provence ont laissé
des traces de leur passage, Etienne de Bourbon
affirme positivement qu'après leur exil de Lyon

ces pauvres gens, franchissant les Alpes, vinrent
« se joindre en Lombardie à d'autres hérétiques,
dont ils adoptèrent les vues, tout en leur communiquant aussi les leurs » (4). Un autre inquisiteur, qui écrivait en 1490, nous apprend que
de Lyon les Vaudois se retirèrent en partie au
fond du Dauphiné pour s'établir dans les dio-
cèses d'Embrun et de Turin, où ils vécurent
protégés par les Alpes. Or la Lombardie alors
s'étendait à l'occident jusqu'au sommet des Alpes
Cotiennes, et le *Dauphiné* comprenait aussi les
deux vallées italiennes de Cesane et du Pragela.
Si l'on tient compte en même temps qu'à cette
époque le versant oriental de ces montagnes était
déjà occupé par d'autres dissidents, dont on
peut affirmer à tout le moins avec de Thou,
qu'ils n'admettaient pour règle de conduite et
de foi, que les Saintes Ecritures, et que par
conséquent ils ne reconnaissaient point l'autorité du pape, on n'aura pas de peine à croire
que Pierre Valdo ait tout d'abord pensé à diriger une partie de ses frères du côté des Vaudois du Piémont.

C'était Humbert III, dit le Saint, qui était en ce temps là ( 1148 à 1189 ), maître de ces vallées; mais tout saint qu'il était, il ne sut jamais se décider à pencher pour le pape plutôt que pour l'empereur, duquel dépendait la France orientale, du Rhône au sommet des Alpes. Les Pauvres de Lyon venus avec leur chef par le Dauphiné, purent donc sans rencontrer trop d'obstacles, se loger sur ces hauteurs, jusqu'en 1220 que de Pignerol Thomas I publia l'édit qui défendait d'accueillir plus longtemps sur ses terres les réfugiés de la France (5).

Quant à l'Italie méridionale, on avait cru, jusqu'à ces derniers temps, que les Vaudois y étaient arrivés surtout du Piémont, et au plus tôt vers l'an 1340 ou 1315. Mais depuis qu'on a découvert le diplôme de 1269, où Charles d'Anjou roi de Naples, ordonne à tous les seigneurs, ses vassaux, de prêter main forte aux inquisiteurs venus là « pour y découvrir soit les hérétiques du pays même, soit *ceux qui chassés de France pour hérésie* s'étaient réfugiés dans ces quartiers », on est bien forcé de reporter sa pensée sur ces Pauvres de Lyon par-

tout traqués pour leurs croyances religieuses,
et cherchant vainement dans le monde un lieu
pour y poser la plante de leurs pieds. Inquiétés
dans la Provence à partir de l'an 1192, ils avaient
pu se réfugier par mer en Sicile et dans le midi
de l'Italie pour s'y établir dès les premières années du treizième siècle. Quoiqu'il en soit, une
chose est maintenant hors de doute, c'est qu'à
l'arrivée du duc d'Anjou, en 1266, il y avait au
royaume de Naples des dissidents que poursui-
vaient les Frères prêcheurs, et qu'ils y étaient
venus de France sous la maison gibeline de
Souabe, qui gouverna les deux Siciles de 1189
à 1266. On peut accorder aussi une certaine
valeur à la circonstance que parmi les personnes
dont la liste fut remise par le roi aux inquisiteurs il y en a un dixième qui portent des noms
vaudois (6).

Nous avons laissé Valdo en Dauphiné, d'où il
avait pu faire des excursions soit en Provence,
soit dans les Vallées du Piémont, pour y accompagner ses frères exilés comme lui. Ce n'est
pourtant pas là qu'il avait résolu de s'arrêter,
car pour lui, nous dit l'historien de Thou (1600),

« il se retira dans les Pays-Bas ; puis ayant trouvé (ou s'étant fait), un grand nombre d'adhérents, dans la *Picardie*, il passa de là en Allemagne, visita les villes de Saxe, où il s'arrêta quelque temps, et finit par se fixer en Bohême, où ses disciples portèrent longtemps le surnom de *Picards* ». Tel est, d'après cet auteur, l'itinéraire qu'aurait suivi Valdo en dernier lieu.

Nous ignorons si le pieux exilé eut beaucoup de succès en Belgique et aux Pays-Bas, mais dans la Picardie, où selon toute apparence un grand nombre de personnes lisaient déjà la Bible, sa présence décida un si beau réveil que lorsque Philippe Auguste, pour plaire au pape, voulut débarrasser le pays de ces chrétiens dont le crime était de lire les Saintes Écritures en langue vulgaire, il ne put venir à bout de son dessein qu'en rasant trois cents maisons de gentilshommes et en livrant aux flammes livres et lecteurs (7).

Que fit Pierre Valdo en Alsace, en Allemagne et en particulier dans les villes de Saxe qu'il

visita; combien de temps vécut-il encore en Bohême, et quelle fut au juste l'année de sa mort?

C'est ce que nous ignorons jusqu'ici, Dieu
n'ayant voulu, semble-t-il, nous conserver de
son humble témoin que ce qui est propre à
nous servir d'exemple. — Ce que nous croyons
pouvoir dire, contrairement à l'opinion la plus
répandue, c'est que Valdo n'arriva probablement
pas dans sa nouvelle patrie avant l'année 1190,
et que sa vie, s'il est vrai, comme on le soup-
çonne, qu'elle se prolongea jusqu'en 1197, ne
s'éteignit que lorsqu'il eut été là aussi l'instru-
ment de grandes bénédictions pour les âmes.

# CHAPITRE ONZIÈME

## La vie religieuse.

S'il fallait s'en rapporter aux auteurs qui ont écrit contre Valdo, le développement de cet homme ardent n'aurait guère été que le produit naturel de son caractère et du milieu où il vécut. Des intentions louables dans le commencement, un cœur compâtissant et généreux, puis une coupable présomption, unie chez lui à une grossière ignorance et à une invincible opiniâtreté, tel aurait été, au fond, le secret de l'œuvre et de la vie du réformateur lyonnais.

Sans méconnaître ce qu'un défaut de caractère peut exercer d'influence sur l'œuvre d'un homme, surtout quand cet homme est appelé à la résistance et à la lutte, nous croyons ce jugement aussi injuste qu'erroné. Il suffit de suivre Valdo

pas à pas dans les écrits mêmes de ses ennemis
pour voir en lui l'homme intègre, qui à travers
beaucoup de difficultés, a cherché consciencieu-
sement à obéir à Dieu, à mesure qu'il a pu
connaître sa volonté.

Amené, comme nous l'avons vu, de l'amour
du monde et d'une religion de formes à une
sérieuse inquiétude aux sujet de son salut, puis
par cette inquiétude même à de longs tâtonne-
ments, l'honnête marchand finit par trouver
dans la Bible sa lumière et sa force. A partir
de là Pierre Valdo devint un homme nouveau.
Si ses regards se fixèrent un moment sur un
précepte particulier, il ne tarda pas à les porter
sur la personne même du Fils de Dieu, qu'il
ne perdit plus jamais de vue. Dirons-nous qu'en
Jésus-Christ ce qui le toucha principalement ce
fut la victime expiatoire, l'Agneau de Dieu qui
ôte le péché du monde ? Les preuves nous manquent pour le faire. A prendre Valdo tel qu'il
nous est donné par les documents dont nous
avons pu disposer, il semble plutôt qu'il ait vu
tout d'abord en Jésus le divin maître à écouter,
le Seigneur à suivre, le modèle à imiter. Seu-

lement il ne s'arrêta pas là ; et de même qu'à ses yeux, Dieu seul est digne d'être écouté, servi, invoqué, il n'y a aucun doute non plus que Jésus-Christ n'ait été pour lui, en même temps que le Fils adorable de Dieu, l'unique Médiateur, le Sauveur suffisant et parfait.

Or c'est dans sa foi croissante en ces grandes vérités, et non dans les défauts ou les qualités de son caractère naturel, qu'il faut chercher le secret de l'énergique opposition de Valdo à l'église romaine et de sa persévérance à marcher dans la voie évangélique. Pour s'ouvrir un chemin et le poursuivre au travers des obstacles et des tribulations de toute sorte que rencontra ce serviteur de Dieu, il ne suffisait pas d'une présomptueuse ignorance ou de l'obstination même la plus entêtée, il fallait la foi qui surmonte le monde. L'emploi qu'il fit de ses richesses ne saurait non plus s'expliquer d'une manière satisfaisante par les idées du temps et moins encore par cette généreuse commisération qu'on veut bien reconnaître chez le marchand lyonnais. Qu'il eût fait ses aumônes dans le sentiment qu'il pouvait racheter ses péchés par ce moyen, ce n'est que trop probable. Mais quand on le voit plus tard nourrir de son pain les pauvres venus de près et de loin pour entendre la parole divine qu'il leur lisait dans leur propre langage, quand il paie un prêtre pour lui traduire les Saintes Ecritures, un autre pour en faire des copies, il est évident que cet homme obéit à un mobile plus puissant que la simple bienfaisance et qu'il a déjà trouvé dans sa Bible quelque chose de plus précieux que sa propre justice.

Ce qu'il y avait trouvé, nous l'avons dit, c'était avant tout la parole même de Dieu. Pour Valdo, la Bible était l'autorité suprême, infaillible, devant laquelle il faut qu'en matière religieuse toute hauteur s'abaisse, à commencer par notre propre orgueil. Obéir à Dieu sans réserve, se soumettre aux autorités parce que Dieu le commande, et en cas de conflit, « plutôt à Dieu qu'aux hommes, » ce fut, on peut le dire, la devise de Valdo et de ses frères. La Bible tout entière et dans tous ses enseignements, la Bible toute seule, toute pure, et entendue dans sa plus grande simplicité, fut la règle de sa foi

et de sa conduite, et il n'en dévia plus jamais.
Point de ces commandements dont l'église romaine a fait de simples « conseils ». Rien de
moins, rien de plus que ce qui est ordonné
dans la Parole de Dieu.

« Qu'avons-nous à faire de vos traditions,
disaient les Vaudois, de vos statuts et coutumes,
de vos bulles et décrets, quand nous possédons
l'enseignement de Christ et des Apôtres, le
texte même des Ecritures ? »

« Pour tout ce qui est nécessaire au salut,
les Ecritures suffisent ; et vos traditions ne ser-
vent qu'à renverser les commandements de
Dieu ». « Toute doctrine, en un mot, tout usage
ou institution religieuse qui n'a pas pour elle
le texte même de la Bible doit être rejetée ».
Selon St. Bernard de Clairvaux, qui mourut en
1153, « quand l'église, qui a le secret et l'Esprit
de son divin Epoux, se permet des changements,
soit dans l'ordre des mots, soit dans les termes
eux-mêmes, ces altérations, loin d'ôter quoique
ce soit à la Parole, ont encore plus d'autorité
que ce qu'elles remplacent ». Bien différent était
le sentiment des Vaudois de Lyon ! « Tout ce

qu'on avance sans l'appuyer d'un texte de la Bible, et du texte tout pur, ces gens vous le tiennent pour autant de fables ». « Parlez-leur des décrétales, des bulles, et même des commentaires de nos saints docteurs, ils se collent à leur texte et vous laissent dire, n'ayant à la bouche que leur perpétuelle suffisance des Ecritures (1) ».

Si tel était le respect de Valdo pour la Bible, il ne faut pas s'étonner qu'il ait tant travaillé à la mettre à la portée de tout le monde. Le latin ayant depuis longtemps cessé d'être compris du bas peuple, son premier soin fut de traduire l'Ecriture Sainte en langue vulgaire. Il la traduisit oralement, il la fit traduire par écrit, il en multiplia les copies; traduite et copiée, elle fut répandue en abondance. Mais ce Livre il fallait en outre l'expliquer et avant tout le réciter ou le lire. Voici donc une Ecole pour former des missionnaires, voici des merciers ou marchands-colporteurs qui, la boîte sur le dos et « le petit livre » à la main, parcourent la ville et la campagne sans autre souci que de sauver les âmes. D'autre part, les parents enseignent à lire à leurs enfants, et les enfants s'instruisent les uns les autres, en attendant que des *maîtres* leur soient donnés pour cela, si bien que du besoin de mettre les petits en état de lire leur Bible, Valdo fit surgir l'*école* populaire, qui n'a pas encore trouvé de levier plus puissant. Il aurait fait naître au douzième siècle les sociétés de colportage, les sociétés d'évangélisation et même les sociétés bibliques si les hommes avaient pu le comprendre ou seulement le supporter.

Faut-il, après cela, parler de la simplicité et de la spiritualité du culte chez les Pauvres de Lyon? C'est à peine nécessaire, quand on connaît leur attachement à la Parole biblique. — Leurs adversaires ont cependant fait ressortir ce côté de leur vie religieuse. « Dieu seul, disaient ces Vaudois, est digne de nos adorations, de quelque degré qu'elles puissent être ». Pour eux, « c'était un péché grave que d'adorer soit l'hostie que les catholiques appellent le corps de Christ, soit les saints, soit leurs images ». « Les reliques, à leurs yeux, n'ont rien qui mérite notre vénération, et la Sainte Croix

même ne se distingue du bois ordinaire que
pour avoir servi au supplice de Jésus-Christ;
aussi ne leur arrive-t-il jamais de faire seulement le signe de la croix ». « Enfin, ajoutait-
on, s'appuyant sur la parole de l'Ange qu'on lit
au chapitre xix<sup>e</sup> de l'*Apocalypse,* ils tiendraient
pour un péché de ployer le genou devant le
prêtre ». « Ils adressent leurs prières à Dieu
seul et n'invoquent aucun saint ». Valdo avait
donc trouvé le vrai remède à l'idolâtrie sous
toutes ses formes. Adorons Dieu, et les idoles
s'en iront. — Le culte des formes ne trouva pas
chez les Vaudois un terrain plus favorable.
« Sous prétexte que Dieu n'habite point dans
des temples faits de main d'homme, et que le
Seigneur nous recommande d'entrer dans notre
cabinet quand nous voulons prier, ces Léonistes,
disait-on, font fi de nos cathédrales, qui, à
les entendre, ne seraient après tout que des
maisons de pierre. — Ils vont jusqu'à dire qu'on
peut tout aussi bien prier dans une grange ou
dans une chambre que dans un temple, et ils
ne comprennent même pas qu'on donne le nom
d'*église* à un édifice tout matériel ». « Au sujet

des luminaires dont nous faisons usage dans les
églises, les Lyonnais admettent volontiers qu'ils
puissent être de quelque utilité aux prêtres,
qui sans cela risqueraient de ne pas y voir clair;
mais pour Dieu, qui est la lumière même, il
n'a que faire de nos chandelles ». — Ils ne goû-
taient pas davantage les cantilènes, le bruit des
instruments de musique et les autres choses de
cette nature. « A les en croire, la prière du
Seigneur, prononcée une seule fois avec recueillement, l'emporte de beaucoup sur mille vaines
redites, voire même sur le son de dix cloches
ensemble (2) ».

Les renseignements deviennent beaucoup plus
rares et incomplets dès qu'il s'agit des sentiments de Valdo relativement au péché, à la mort
spirituelle, à la justification du pécheur devant
Dieu. On nous assure seulement que les Pauvres
de Lyon repoussaient la distinction déjà établie
par les catholiques entre les péchés mortels et
les péchés véniels, et cela par la raison qu'à
leurs yeux « tout péché mérite la mort ». Quant
au salut, « dès l'instant où le pécheur se peut
dire converti, s'il vient à mourir, il s'en va

droit au Ciel , quelque grands et nombreux que soient d'ailleurs ses péchés ; » « et comme il n'y a que Dieu qui puisse réellement excommunier, Lui seul aussi a le pouvoir d'absoudre le pécheur ». D'ailleurs, ajoutaient-ils, comment le prêtre nous déchargerait-il de notre dette envers Dieu ? « Un homme souillé peut-il en nettoyer un autre souillé comme lui ? Celui qui est lié peut-il délier son compagnon de captivité , le coupable apaiser le juge au profit d'un autre coupable ; celui qui marche dans le chemin de la perdition ramener un pécheur au sentier de la vie..... ? autant voudrait prendre une chandelle éteinte pour en allumer une autre (3) ».

Si le pardon vient de Dieu , l'on se demande par qui et comment il nous a été acquis, au nom de qui et à quelle condition nous pouvons l'obtenir. — A ces questions il ne semble pas que Valdo ni . ses premiers disciples aient fait des réponses un peu précises. — La foi au sang de Christ était là , sans doute, mais il était réservé à d'autres temps et à d'autres réformateurs de rétablir sur ce point capital, la vérité apostolique. — Citons cependant ces deux strophes du poème intitulé *La Barca*.

« Pour chasser cette frayeur (de l'enfer), dit le poète Vaudois au pécheur tremblant, fléchis les genoux, élève ton âme en haut, et joins les mains devant le Sauveur véritable ; puis avec larmes, repentir et pleurs, avec tristesse, douleur et cri d'angoisse, crie merci (miséricorde) à notre Dieu, en disant : hélas ! Sauveur offensé, bon Jésus, aie pitié de moi. Car contre toi j'ai péché gravement, et si Tu ne viens à mon aide, je suis perdu, T'ayant tant offensé par ma faute et mon grand tort ». Ceux qui sont libres d'attribuer à Valdo ou à ses partisans tous les Traités Vaudois, auront dans ces paroles un témoignage suffisant de la foi de ces bons Lyonnais. — Quiconque sait prier ainsi est de ceux qui « s'en retournent justifiés » ( Luc. 18 ).

Nous ne nous étendrons pas sur le caractère moral des Pauvres de Lyon. — Ni eux ni Valdo lui-même n'ont été, sous ce rapport, épargnés par leurs ennemis. Ce que les païens disaient des chrétiens des premiers siècles, ce que les moqueurs diront des chrétiens de tous les temps,

les moines l'ont dit de Valdo, de ses amis et de
leurs « conventicules ». Il faut reconnaître cependant que ce sont les adversaires eux-mêmes qui
ont eu soin de réduire à néant toutes ces accusations. — Non! disent-ils, il n'en est pas des
Léonistes comme des autres sectes dont les blas-
phèmes vous étonnent; tout au contraire : « ce
qui les rend dangereux pour l'église, c'est bien
plutôt leur singulière apparence de piété, en
tant qu'ils vivent devant les hommes justement,
et que leur croyance au sujet de Dieu est irré-
prochable. Leur seul tort c'est de crier contre
l'église romaine et contre son clergé ». « Ils
ne se comportent partout que trop religieusement, dit un autre; leurs mœurs sont réglées,
leurs paroles prudentes et retenues; leur plaisir
est de s'entretenir de Dieu, des saints, de la
nécessité de s'attacher au bien et de fuir le mal,
enfin de tout ce qui est louable ». Ils ont une
telle horreur des serments inutiles, ou non
obligés, aussi bien que du mensonge, que même
ces mots *en vérité, en conscience,* ils les évitent
de peur d'affaiblir leur parole. — S'ils sont
mauvais, c'est au dedans..... car à ne regarder

qu'à leur conduite extérieure on dirait des saints, tant les dehors sont irrépréhensibles. Et c'est précisément cet air de justice, cette peau de brebis que ces gens-là savent prendre devant le monde qui les fait si bien accueillir du peuple ». Il faut que la vie de Valdo et des siens ait été bien recommandable pour que leurs ennemis n'aient su reprendre en eux, à cet égard, que ce qui ressemble à la sainteté (4).

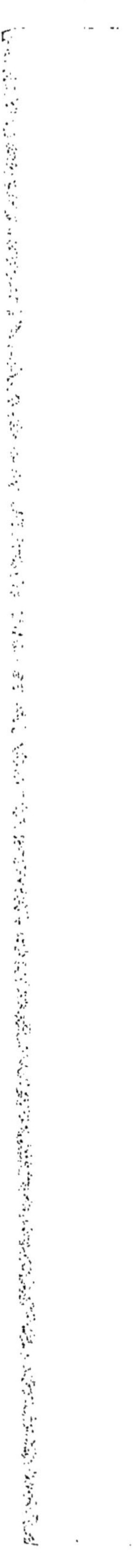

# CHAPITRE DOUZIÈME

—

## Valdo et les Vaudois.

—

Ce n'est point notre intention d'aborder ici
la question si controversée de la parenté religieuse du réformateur de Lyon avec les Vaudois
des Alpes Cotiennes. — Cette difficulté histo-
rique nous semble loin d'être aussi définitive-
ment résolue qu'on a cru pouvoir l'affirmer,
tantôt dans un sens tantôt dans un autre.

Que le marchand Lyonnais soit arrivé du catholicisme à la connaissance de l'Evangile sans
autre secours que sa Bible, que le zèle de cet
homme de Dieu et l'arrivée de ses premiers
disciples dans les vallées des Alpes aient, jusqu'à
un certain point, rajeuni les Vaudois en leur
communiquant un élan tout nouveau, c'est ce
que nous croirions volontiers; mais que ces

derniers lui doivent tout absolument, leur origine et leurs opinions religieuses aussi bien que leur nom, il nous semble, pour ne rien dire de plus, qu'il reste d'assez fortes raisons d'en douter.

L'antériorité des Vaudois à Pierre Valdo n'est d'ailleurs pas d'une importance aussi capitale qu'on l'a faite quelquefois. Cette question, si intéressante qu'elle soit au point de vue de l'histoire religieuse, n'est pour les Vaudois ni une question de vie ou de mort, comme on l'a dit, ni même une affaire de vaine gloire. Quand ils auraient les témoignages les plus irréfragables, non seulement de leur antériorité à Valdo, mais encore de leur origine apostolique, il leur conviendrait peu de s'en glorifier à l'excès, la foi n'étant pas un bien qui se transmette de père en fils comme un héritage ou un tic de famille. Et même à ne regarder qu'à la profession extérieure, il n'est que trop démontré qu'une église peut avoir été fondée par les Apôtres, sans avoir pour cela continué d'être la colonne et l'appui de la vérité. Ce dont les Vaudois ont à rendre grâces au Seigneur comme d'une faveur insigne

qui leur a été faite, ce n'est pas d'avoir précédé de quelques siècles le fidèle Valdo, c'est
d'avoir, malgré leur faiblesse et longtemps avant
la Réformation, maintenu contre toutes les puis-
sances de Rome et du monde, le devoir pour
chacun de lire dans sa Bible la Parole même de
Dieu, et de ne fléchir le genou que devant
Celui-là seul « qui peut perdre et sauver » ;
leur gloire c'est ensuite, si l'on veut, de pouvoir compter dans leurs rangs, à quelque titre
que ce soit, un serviteur de Dieu tel que le
pieux marchand de Lyon. — S'il y eut un temps
où ils repoussaient la désignation de *Vaudés*
comme un odieux sobriquet que leur imposaient
leurs adversaires aussi bien dans le dessein de
les perdre que pour les rendre ridicules, ce
n'est assurément point qu'ils eussent honte de
Valdo, mais essentiellement parcequ'ils tenaient
pour plus conforme à leurs principes de ne
porter d'autre nom que celui de Jésus-Christ,
le Souverain pasteur de leurs « petits troupeaux, » le seul Maître et Sauveur (1).

Quels sont donc les liens qui rattachent les
Vaudois au réformateur Lyonnais ?

Avant tout, il y a cette circonstance qu'ils portent, comme les enfants d'une même famille, un nom qui leur est commun. — Celui de *Valdo*, tout italien, a revêtu selon les temps et les auteurs, les formes les plus diverses ; tantôt c'est *Valdès*, *Valdesius*, *Valdensis* ; tantôt c'est *Valdeus*, *Valdius*, *Valdus* ; ou même encore *Valdisius*, *Valdecius*, *Valdensius*. Pour ne rien dire des trois dernières qualifications, les six autres se réduisent aisément à deux groupes, que rapprochent encore les formes si semblables de *Valdès* et de *Valdeus*. Chose curieuse : de toutes ces dénominations c'est celle de *Valdus* qui a prévalu, et encore sous sa forme purement italienne, en sorte que notre réformateur s'appelle depuis longtemps *Pierre Valdo*, comme s'il devait son nom à deux langues, à deux peuples différents (2).

Si l'on se souvient d'autre part que les Vaudois, dans les écrits du moyen-âge, dans les bulles papales et les statuts ecclésiastiques, sont appelés comme par mépris, ici du nom de *Vadoys*, de *Vaudés*, là du nom de *Valdesii*, de *Valdenses*, de *Vallenses*, il ne reste guère de

doute que toutes ces appellations employées
également pour désigner les Vaudois et Valdo,
ne soient dérivées les unes des autres, et n'aient
une même origine. Or, sans rechercher ici qui
de *Pretrus Valdensis*, ou des Valdenses a été
le premier honoré de cette épithète, on peut
conclure en toute assurance que les noms de
*Valdès*, de *Valdesius*, de *Valdensis*, ont été dès
le commencement portés en commun par les
chrétiens bibliques des Alpes et par le réformateur de Lyon. Première preuve que leurs
ennemis doivent avoir aussitôt remarqué entre
eux quelque ressemblance frappante.

Mais l'histoire nous fournit quelque chose de
plus que cette conformité de noms. Les auteurs
qui ont parlé de l'exil de Valdo et de la dis-
persion de ses adhérents, nous apprennent
qu'entre les diverses bandes qui sortirent du
Lyonnais à partir de 1185 ou de 1190, il y en
eut une, et non pas des plus faibles, qui se
dirigea du côté du Dauphiné pour venir s'établir soit dans les vallées françaises de Louise
et de Fraissinière, soit aussi dans les vallées italiennes de Pragela, de Pérouse et de Saint Martin,

ainsi que dans la vallée qu'arrose le Pélice avec
ses deux affluents, la Luzerne et l'Angrogne.
Voyant arriver l'orage qui allait éclater sur les
églises naissantes des bords du Rhône, le prudent Valdo avait d'avance envoyé vers nos montagnes des messagers avec mission de s'informer
des lieux où les Lyonnais persécutés auraient
pu, au besoin, se retirer avec leurs familles.

La population des Vallées vaudoises était loin
d'être alors aussi dense qu'elle l'a été depuis
et qu'elle l'est encore de nos jours. La colline,
les hauteurs surtout, étaient à peu près entièrement dépeuplées, « et les habitants originaires
ne cultivaient des vallées, au dire de Gilles,
que « les lieux de plus doux air et de plus
facile labourage ». — D'autre part, les seigneurs de qui relevaient ces terres ne durent
pas voir de trop mauvais œil cette perspective
d'augmenter leurs revenus. — Il ne fut donc
point difficile aux Pauvres de Lyon d'obtenir
d'eux, sur les hauteurs incultes, et moyennant
les conventions d'usage, tout ce qu'il leur fallait d'espace pour y loger leurs petites colonies
d'exilés.

Ils trouvèrent bien mieux que cela. Quoique moins avancées peut-être et moins zélées que ces chrétiens de Lyon, qui en étaient, on peut dire, au plus beau moment de leur vie religieuse, les populations primitives des Alpes Cotiennes se trouvèrent, à la grande joie des envoyés de Valdo, professer les mêmes principes bibliques pour lesquels ils étaient, eux, à la veille d'être exilés de leur patrie. — Quand donc arriva le jour ou les Lyonnais furent expulsés de leurs foyers, ils purent se diriger avec moins de regret vers ces vallées du Dauphiné et du Piémont, où les attendait un accueil fraternel. — S'il est vrai, comme on l'a cru, que Valdo lui-même ait accompagné ses frères, leur arrivée dans ces montagnes tomberait entre les années 1185 et 1190, époque à laquelle ce fidèle pasteur, heureux d'avoir vu sa petite troupe établie, aurait aussi repassé les Alpes pour aller rejoindre d'autres bandes, en particulier celle qui devait le suivre vers le nord, d'abord en Picardie et aux Pays-Bas, puis en Alsace et à travers l'Allemagne jusque dans la Bohême.

A peine installés dans les vallées vaudoises,
le premier soin des nouveaux venus fut de bâtir
à la hâte et du mieux qu'ils purent quelques
habitations sur le penchant des collines qui leur
avaient été cédées, sans oublier la maison de
leur Barbe, si tant est qu'ils l'appelassent aussi
de ce nom, et l'humble local où il pût recevoir
et nourrir de la Parole biblique le petit troupeau dont il partageait la pauvreté. Chose re-
marquable, après plus de six siècles et demi
que les Pauvres de Lyon sont venus occuper
avec leurs familles les localités les plus élevées
des vallées vaudoises d'Italie, il ne serait peut-
être pas impossible de tracer encore aujourd'hui,
d'une manière approximative la ligne, qui mar-
quait la limite inférieure de l'habitation assignée
par les indigènes à leurs frères d'outre-monts;
tant il y a de différence entre le patois de la
montagne et celui de la plaine, et même, en
certaines communes, entre le patois de la colline et celui du bas de la vallée.

Quoique bien plus tranchée à l'origine, cette
différence dans le langage ne fut pourtant pas
si grande qu'elle empêchât la prompte fusion

des nouveaux habitants des vallées avec les anciens. Pleins de zèle et de vie, peut-être aussi de quelque reconnaissance, ce furent les derniers venus qui attirèrent à eux ceux de la plaine, et la bonne intelligence fut bientôt si complète qu'il n'y eut plus, nous dit Gilles, qu'à « s'encourager les uns les autres à faire de bien en mieux et à dresser dans les vallées la bannière de la vérité ».

Pendant des années il ne cessa d'arriver de nouveaux colons qui venaient se joindre aux premiers, les seigneurs des vallées faisant, à ce qu'il semble, assez bonne mine à cette immigration qui doublait leurs rentes en cultivant des terres auparavant abandonnées ou tout au moins fort peu productives. Les choses continuaient sur ce pied depuis une trentaine d'années, lorsqu'en 1220 un édit du comte Thomas, vicaire de l'empire, vint publier défense à tout le monde d'accorder asile sur le territoire de Pignerol « à aucun Vaudois ou Vaudoise » que ce fût. — C'est la seconde fois, à notre connaissance, que les édits appellent du nom de Vaudois *(Valdenses)*, les habitants du versant italien des Alpes Cotiennes ; car déjà en l'année 1198 , l'empereur Otton IV se rendant à Rome pour y être couronné par le pape, avait, par un édit, accordé à l'évêque Jacques de Turin la faculté d'expulser de son diocèse ces Vaudois ennemis de la foi catholique et grands semeurs d'ivraie. S'agissait-il des Pauvres de Lyon ou des Vaudois primitifs qui s'étendaient dans la plaine à mesure que les premiers arrivaient de France ? C'est ce que nous ne saurions dire. Ce qu'on peut affirmer, c'est que les Lyonnais, loin d'être expulsés entièrement, comme l'eût souhaité l'évêque Jacques, continuaient de passer la montagne, et que l'immigration ne s'arrêta que lorsque les seigneurs de Luzerne eurent cessé de relever immédiatement de l'empire pour se soumettre à la maison de Savoie.

Plus tard, par un mouvement opposé, ce furent les Vallées du Piémont qui reversèrent sur la France le trop plein de leur population ; mais dans quelque sens que se soient faites les communications, elles suffirent pour établir entre les Pauvres de Lyon et leurs frères des Vallées ces relations intimes qui firent pendant

si longtemps de leurs églises comme un seul
et même corps.

Pierre Valdo lui-même, tout en s'attachant
plus particulièrement à l'un des essaims qui
l'avaient suivi dans le nord, n'oublia pas entièrement ceux qu'il avait laissés dans le midi, et
tout nous porte à croire qu'il continua d'avoir
une sollicitude singulière pour ses Vaudois des
Alpes et du Piémont. Comment s'expliquer autrement la communion de sentiments et d'intérêts
religieux qui subsista pendant des siècles entre
les Vaudois de Bohême et ceux de Lombardie ?
— Pour que de Bohême et d'Alsace on envoyât
des jeunes gens se former et se faire consacrer
à l'œuvre du saint ministère dans les écoles
vaudoises des vallées italiennes il faut bien supposer que quelqu'un ait eu, à une époque quel-
conque, la pensée de mettre en communication
ces églises, que la distance eût autrement tenues
à jamais séparées. — Or nul n'était mieux placé
que Valdo pour sentir le besoin de relier, autant que possible, par une vie commune des
populations qu'unissait déjà la même foi et,
jusqu'à un certain point, la même origine (3).

Il nous resterait à montrer la parenté des Vaudois avec Valdo en ce qui concerne plus spécialement la vie religieuse : mais ici la ressemblance est si grande, surtout quand on veut s'en tenir aux temps qui ont précédé la Réformation, qu'il serait difficile de distinguer entre les principes que nous connaissons aux Lyonnais et ceux que nous trouvons dans les traités écrits en langue vaudoise. Qu'il s'agisse de la règle de foi et de conduite, qu'il s'agisse du culte ou du pardon des péchés, ou de la vie présente, ou de la vie à venir, partout se remarquent chez les uns et chez les autres les mêmes doctrines, la même direction d'idées, les mêmes mobiles, et pour tout dire, les mêmes lacunes. — Aussi bien que Valdo, les Vaudois, pour tout ce qui a rapport à la vie spirituelle, s'en tiennent exclusivement à la Parole de Dieu, rejetant tout ce qui est « hors et contre les Saintes Ecritures, » selon l'expression de l'un d'eux. « Nous croyons, disent-ils, que tout ce qui est contenu dans l'Ancien et dans le Nouveau Testament a été déclaré authentique et scellé du sceau même du Saint Esprit, ..... et

que toute la loi de Christ est si fermement établie en vérité qu'elle ne peut faillir ni manquer
(d'avoir son accomplissement) jusqu'à une lettre,
jusqu'à un point ».

Même accord en ce qui regarde le culte et
celui qui doit en être l'objet. « Le seul saint
qu'ils adorent c'est Dieu, » disait-on des Vaudois aussi bien que des Pauvres de Lyon. « Il
faut adorer le Père avec son Fils et le Saint-
Esprit, à l'exclusion de toute créature, quelle
qu'elle soit ». Et quant au pardon des péchés,
« il n'y a que Dieu qui le puisse accorder,
Dieu seul en Christ » « nul autre ne le saurait
faire ».

Les uns comme les autres ils laissent à désirer
en tant qu'ils semblent trop souvent considérer
le salut comme s'il était en partie le résultat
de leur repentance et de leurs efforts, au lieu
d'y voir l'œuvre et le don de l'amour de Dieu
par le sang de son Fils ; mais tous ils ont un
profond sentiment de leur péché. « Si tu ne
me pardonnes, dit le Vaudois au Seigneur, je
suis perdu, tant la convoitise est enracinée en
mon cœur ». « Si tu ne me pardonnes, mon

âme ne peut que s'en aller à la perdition ».
— Et voilà ce qui, en dépit de tout, retint
continuellement les Vaudois aussi bien que Valdo
et les Pauvres de Lyon, attachés à leur céleste
Rédempteur. S'ils ne sentent aucun besoin de
prier les saints ni de recourir à leur intercession, cela vient, dit Seyssel, de ce que, « à
leur jugement, Christ suffit abondamment pour
tous et pour toutes choses ». *Christo omnibus ad
omnia abundè sufficiente* (4).

Ainsi donc, et par le nom de *Valdenses* ou
de *Valdès* qu'ils ont porté en commun, et par
la fusion des partisans de Valdo avec les habitants primitifs des Vallées Vaudoises, et par les
relations que les Picards de Bohême ont longtemps entretenues avec les chrétiens évangéliques du Piémont, et par l'entière conformité
de leurs sentiments religieux, les Vaudois de
Lyon et ceux des Alpes ont dû être souvent confondus les uns avec les autres par leurs ennemis
tout d'abord, et plus tard par quelques-uns
de leurs plus sincères amis.

Qu'ils aient été les frères ou les enfants des
Pauvres de Lyon, les Vaudois d'Italie ont beau-

coup à apprendre de la foi et de l'énergie de ces
vaillants témoins du Seigneur, et Pierre Valdo,
si nous en avions moins imparfaitement retracé
le portrait, pourrait encore, même après les sept
siècles qui nous séparent de lui, nous donner
plus d'une leçon salutaire (5).

FIN.

# NOTES

—

## CHAPITRE I

———

(1). Tempore Innocentii papæ II, in civitate *Valden*, quæ in finibus Franciæ sita est, fuit quidam civis dives... Putabat ille Petrus Valdensis. (P. DE POLICHDORF, allemand, m. en 1344 ou 1444).

(2) Ad causam eorum Pauperum de Lugduno, quos vulgus Valdenses appellat, dictos a *Valdeo*, cive Lugdunensi, in loco dicto vulgariter *Val Grant*, moram faciente. (Inquisitor anonymus, ad. a. 1490. V. Allix. p. 297). — Il y a une *Val Grant* dans la vallée de Lanz, en Piémont, et une *Val Grana* dans le marquisat de Saluces. Mais il ne s'agit peut-être ici que d'une rue ou d'un quartier de la ville de Lyon.

Petrus ei nomen fuit, Valdo (sic) cognomen. Natus in vico qui, prisco nomine postea mutato, dictus est *Vaudra;* eo quod, populari lingua, Valdo et sectarii ejus *Vaudois* cognominarentur (Joh. Masson. V. Faber. p. 453).

Petrus quidam Valdensis, ab oppido *Valdis*, sito in marchia Galliæ, unde erat oriundus, sic appellatus. (Centur. Magd. cité par Faber. Inquiry. p. 453).

(3) Au ix<sup>e</sup> s. le canton de Vaud s'appelait *Comitatus Valdensis*. Ainsi la charte du roi Rodolphe. a. 988, et la Chron. de St. Bertin a. 839. ( V. grand Dictionnaire de La Martinière. Paris 1798, au mot *Vaud*).

(4) Chronicon Laudunense, — s'étend jusqu'à l'an 1218, — (Dans Bouquet. Recueil des Historiens. Tom. XIII, p. 680. Paris 1786). In terris et aquis, nemoribus et pratis, in domibus, redditibus, vineis...

(5) Ut semper plus essem sollicitus de nummo quam de Deo; et plus serviebam creaturæ quam Creatori. (Chronique de Laon. ibid.)

(6) Currente adhuc anno 1173°, fuit apud Lugdunum Galliæ civis quidam, Valdesius nomine..... Is, quadam die Dominica, cum declinasset ad turbam quam ante joculatorem viderat congregatam, ex verbis ejus compunctus fuit, et eum ad domum suam deducens, intensè eum audire curavit (id. ibid.).

(7) Pour le poème que chantait le ménestrel, voir Raynouard, Lexique roman, vol. I, p. 375); pour ce « saint » Alexis, v. l'*Amico di Casa*, 1868. — Il était de l'espèce du « bienheureux Labre » de Rome.

## CHAPITRE II

(1) *Facto mane*.... ad Scholas theologiæ, consilium animæ suæ quæsiturus, properavit; et de multis modis eundi ad Deum edoctus, quæsivit quæ via aliis omnibus certior esset atque perfectior. Cui magister... Si vis esse perfectus, vade et vende omnia..... (Chron. de Laon ). — *Polichdorf* confirme ce récit : Fuit quidam civis dives qui aut ipse legit vel audivit Dominum dixisse cuidam adolescenti : si vis perfectus esse, vade et vende omnia... (Contra hæres. Valdensium ).

(2) Non enim insanio..... sed ultus sum de his hostibus meis, qui me fecerunt sibi servum..... ( Chron. Laudun ).

(3) Le traité de *Las Tribulacions.* (Dans LÉGER, p. 39 ) en prose. — Voir aussi *Lo novel Sermon* en vers. (Dans HAHN. p. 579 et 580 ), depuis : *E auren aquel per Segnor que per nos fo vendu.*

(4) Questi Valdesi, secondo Guido, ebbero principio circa l'anno 1170, da Valdo, mercante di Lione, il quale... eccitato dalle eresie dei Cattari.... ( BELVEDERE. — Relazione.... Torino, 1636 ).

(5) Dubitari certe nequit Petrum de Bruys et Henricum jam ante Valdum, ecclesiæ catholicæ errores,

æque ac Catharorum portenta improbasse , atque ad puram Scripturæ sacræ doctrinam redire studuisse. — (Gieseler 1850. V. *Israël des Alpes*, tom. 1, p. xxxv).

(6) Dictus Valdensis , audiens Evangelia..... curiosus intelligere quid dicerent.... ( Steph. de Borbone, seu. de Bellavilla, anno 1220 circ. — V. aussi Moreri, Dictionn. au mot *Valdo* ).

(7) Novi Testamenti textum docuit eos vulgariter. — (Reinerus 1250).

(8) V. La Bible et son histoire. p. 134. et Barth. : Hist. de l'Eglise, p. 136.

(9) De la ville d'*Anse*, près de Lyon ( Dupin , xii$^e$ siècle, p. 753 ). V. ce récit dans Steph. de Borbone, qui tenait ces renseignements de Bernard Ydros « ami de son ordre ». V. aussi Ivonetus.

(10) V. Yvonet : Tract. de hæresi Paup. de Lugduno. (Dans D. Martenne, Thesaurus nov. anecd. p. 1778).

(11) V. Gilly. Romaunt Version, p. xcix et c.

(12) Vidimus in concilio romano , sub Alexandro papa III celebrato (a. 1179). Valdesios, homines idiotas, illiteratos, a primate ipsorum Valde dictos.... qui librum domino papæ præsentaverunt linguâ conscriptum gallicâ, in quo textus et glossa Psalterii plurimorumque Legis utriusque librorum continebatur. (Gualt. Mapeus).

# CHAPITRE III

(1) Iactabant se velle vivere secundum Evangelicam doctrinam, et illam ad litteram perfecte servare. (IVONETUS, vers l'an 1240).

(2) Et quia sensu proprio verba Evangelii interpretari præsumpserunt, videntes nullos alios Evangelium juxta litteram servare.... se solos Christi imitatores esse dixerunt. (IVONETUS).

(3) Ad uxorem veniens, dedit ei optionem ut sibi mobilia vel immobilia.... eligeret. (Chron. Laudun).

(4) Quæ, licet multum contristata...... immobilibus hæsit (ibid.)

(5) L'abbaye de Fontévrault, entre Saumur et Poitiers, fondée en 1100 par Robert d'Arbrissel. Règle de Saint Benoît. — Religieux et religieuses portaient le nom de *Pauvres du Christ*. (V. DUPIN. 12e s. p. 480 et 536).

(6) LA MARTINIÈRE, dans son Dict. géogr. assure qu'entre les Abbesses qui eurent le gouvernement de ce monastère, on a pu compter quatorze princesses. Si les filles de Valdo passèrent une vingtaine d'années à Fontevrault, elles purent y voir arriver Eléonore de Guyenne, qui avait été successivement reine de France et reine d'Angleterre (GRÉGOIRE, Dictionnaire).

( 7 et 8) Magnam vero partem pecuniæ suis duabus parvulis filiabus contulit, quas, matre earum ignorante, Ordini Fontis Evraldi mancipavit. (Chron. Laud. )

(9) Famis enim permaxima tunc grassabatur. (id.). — La famine, dit Michelet, était une des institutions du moyen-âge.

(10) V. Chron. de Laon.

(11 et 12). Ut discatis in Deo spem ponere, et non in divitiis sperare (id. )


# CHAPITRE IV

—

(1) Putabat ille Petrus Valdensis.... quod vita apostolica jam non esset in terra; unde cogitabat eam innovare (POLICHDORF ).

(2 et 3) Recherches hist. sur l'origine des Vaudois. Paris 1836, p, 392.

(4) Innocent III, par le comte A. de Gasparin.

(5 et 6) Chron. de Laon.

(7) Et experrectis viris ecclesiasticis, multos sibi discipulos associavit. (Dans Allix p. 306).

(8) Multos homines et mulieres ad idem faciendum, ad se convocando. (S. DE BORBONE ).

(9) Quod ipsi sint vere pauperes spiritu, et persecutionem patiantur propter justitiam et fidem. ( REINERUS a. 1250).

(10) Vocant se pauperes spiritu, propter quod Dominus dicit MATTH. v. Beati pauperes spiritu (S. DE BORBONE vers l'an 1220 ).

(11) Glossa Pater (dans LÉGER f. 40-46).

(12) II Corinth. 8.

## CHAPITRE V

—

(1) Cum autem diu in paupertate stetissent, inceperunt cogitare quod Apostoli Christi non solum erant pauperes, imo etiam prædicatores : cœperunt et ipsi prædicare verbum Dei. (P. DE POLICHDORF).

Qui (Valdus) suo spiritu ductus.... novam sectam invenit, scilicet ut sine prælati auctoritate... prædicare præsumeret (ALANUS).

(2) Evangelia et ea quæ corde retinuerat per vicos et plateas prædicando. (S. DE BORBONE).

(3) Prius diu informantur, ut et alios sciant docere. (IVONETUS).

(4) V. MUSTON. Vol. unique (1834), p. 233.

(5) Dociles.... et facundos docent verba Evangelii et dicta Apostolorum et sanctorum in vulgari lingua corde firmare, ut sciant et alios informare, et fideles illis esse (illicere?), et sectam suam pulchris sanctorum verbis polire, ut putant salubria quæ persuadent; et sic, per dulces sermones et benedictiones seducunt corda innocentium (IVONETUS).

(6) Ex temeritate sua et ignorantia (DE BORBONE). — Superba præsumptio palliatæ sanctitatis (IVONETUS).

(7) Multos libros Bibliæ, et auctoritates sanctorum per titulos congregatas, quas sententias appellabant; quæ cum dictus civis (Valdensis) sæpe legeret et corde tenus firmaret, proposuit servare perfectionem evangelicam. (DE BORBONE).

(8) De la podestà donâ a li vicari de Xrist.

(9 et 12) Voir note 5. — (10 et 11) V. GILLES pp. 7 et 15.

## CHAPITRE VI

(1) IVONETUS. Tract. Pauperum de Lugduno.

(2) Duo sunt genera sectæ ipsorum. Quidam dicuntur perfecti, et hi proprie vocantur Paûre Valdenses de Lyon; nec omnes ad hanc formam assumunt; sed prius diu informantur, ut et alios sciant docere.

(3) Hi nihil proprium dicunt se habere, nec domos, nec possessiones, nec certas mansiones. (IVONETUS).

(4) Scribit REINERUS eos ( Leonistas ) docuisse decimas non esse solvendas, siquidem Ecclesiæ primitivæ non solvebantur. — Peccant qui dant eis ( clericis et sacerdotibus) decimas...; et dicunt quod est quasi impinguare lardum. — A quoi les intéressés répondaient en disant : « licet Ecclesiæ prælatis habere proprium, ad defendendam Ecclesiam contra hæreticos et alios injuriosos ». — (POLICHDORF. Contra hæres Valdens. Cap. I).

(5) His ministrant discipuli necessaria.... Indicunt collectas nummorum discipuli pro sustentatione eorumdem Pauperum et Magistrorum suorum, et studentium qui, per se, sumptus non habent, vel etiam ad alliciendos aliquos, quos cupiditas nummi trahit ad sectam eorum. (IVONETUS). — Operibus manuum instabant et prædicabant. (D'URSPERG).

(6) Virginitatem et castimoniam inviolabiliter conservando.... religiosum et modestum habitum ferre decrevimus, qualem consuevimns deportare; calceamentis desuper apertis, ita speciali signo compositis et variatis, ut aperte et lucide cognoscamur nos esse corde sicut corpore a Lugdunensibus, et nunc et in perpetuum, segregatos, nisi reconcilientur catholicæ veritati. (Epist. Innocentii III. 195).

(7) Vadunt etiam in diversis habitibus vestium isti curatores, ne agnoscantur.... (IVONETUS).

(8) In omnibus religiosissime se gerunt (Id.)

(9) Ut, si etiam inquisitio facta fuerit de hæreticis, timore illorum potentium nullus audeat illos accusare, vel contra illos testificari.... ex hoc efficiuntur audaciores hæretici ad nocendum (IVONETUS).

(10) V. SEKENDORF. Abrégé de l'histoire des églises... Basle, 1785. p. 105.

(11) Et illi quidem Valdenses contra alios acutissime disputabant. Unde et in eorum odium alii admittebantur a sacerdotibus idiotis. — (GUILLELM. De Podio Laurensi).

# CHAPITRE VII

(1) Quos etiam per villas circumiacentes mittebat ad prædicandum.... Qui etiam, tam homines quam mulieres idiotæ et illiterati, per villas discurrentes, et domos penetrantes, et in plateis prædicantes, et etiam in ecclesiis, ad id alios provocabant. (DE BORBONE vers l'an 1220). — Circuibant per vicos et Castella (L'abbé d'Ursperg, vers l'an 1212).

(2) Videris mihi, o bona fœmina, ad hoc disposita ut si esset qui tibi viam veritatis ostenderet.... loquelam ejus (Dei) audires (IVONETUS).

(3) Sub prætextu alicujus operis, vel alterius commercii. (id. Tract. de paup. d. L.) Ut et Christum videat et audiat (id. ibid.)

(4) Chron. de Corvey ou Corbeia nova. — V. Blair Hist. of the Vald. pag. 235, Bost. Etabl. du Christ. tom. 4, p. 142).

(5) In quocumque loco veniunt, insinuant sibi mutuo adventum illorum (Magistrorum). Conveniunt ad eos plures, in tuto loco, in latibulis, audire eos et videre et mittunt eis illuc optima quæque cibi et potus (IVONET. FABER p. 468).

(6) Corpus Christi et sanguinem non credunt vere esse, sed tantum panem benedictum, qui in figurâ quadam dicitur, Corpus Christi, sicut dicitur : *Petra autem erat Christus,* et similia.... Hoc in conventiculis celebrant, recitantes verba illa Evangelii, in mensa sua, et sibi mutuò participantes, sicut in Cœna Christi. (IVONETUS. De hæres. Paup. de Lugd.). — In occultis quoque prædicationibus, quas faciebant plerumque in latibulis. (CONRAD. Abb. Ursperg. a. 1212).

(7) V. MUSTON. Vol. unique 1834, à la p. 189.

## CHAPITRE VIII

—

(1) Valdesium amplexatus est Papa, approbans votum quod fecerat voluntariæ paupertatis, inhibens eidem ne vel ipse aut socii sui prædicationis officium præsumerent, nisi rogantibus sacerdotibus. Quod præceptum modico tempore observaverunt. (Chron. Laud. in Bouquet. Rec. des hist. tom. XIII, p. 682).

(2) Vidimus in Concilio romano, sub Alex. papa III celebrato. a. 1179°, Valdesios, homines idiotas illiteratos, a primate ipsorum Valde dictos..... qui librum domino papæ præsentaverunt lingua conscriptum gallica, in quo textus et glossa Psalterii plurimorumque Legis utriusque librorum continebatur. Hi multa petebant instantia prædicationis auctoritatem sibi confirmari.... Multis legis peritis et prudentibus adscitis, deducti sunt ad me (G. MAPEUM) duo Valdesii, qui sua videbantur in secta præcipui, disputaturi mecum de fide.... Primo igitur proposui levissima...... Creditis in Deum Patrem ? — Respond. Credimus. — Et in Filium ? — Credimus. — Et in Spiritum Sanctum ? — Credimus. — Iteravi: in matrem Christi ? — Et illi item : Credimus. — Et ab omnibus multiplici sunt clamore derisi (V. FABER, The anc. Vallenses. London. 1838, ch. 12, p. 471).

(3) V. Boxhorn. Univ. hist. pp. 707 et 713, cité par Blair. Hist. of the Vald. tom. I, p. 265).

(4) Vocati ab archiepiscopo Lugdunensi, qui Johannes vocabatur, prohibuit eis ne intromitterent se de Scripturis exponendis vel prædicandis (S. de Borbone. Ordin. prædicat. pars. 4ᵃ. cap. 30).

(5) Ipsi autem, recurrentes ad responsionem Apostolorum in Act. cap. V.... Magister eorum, usurpans Petri officium.... ait: Obedire oportet magis Deo quam hominibus; — qui (Deus) præceperat Apostolis: Prædicate Evangelium omni creaturæ. (Id. ibid.).'

## CHAPITRE IX

(1) Nolentes obedire, excommunicavit. Illi autem (Pauperes de Lugd.) contempserunt in hoc claves ecclesiæ dicentes clericos hoc facere per invidiam, quia viderent eos meliores se esse, et melius docere, et majorem ex hoc favorem populi habere; cum pro bono et perfecto opere nullus debeat aut possit excommunicari, quale est docere fidem et doctrinam Christi; et quod contra ejus doctrinam nullus debeat homini dictum bonum prohibenti aliquatenus obedire. Et illam excommunicationem reputabant sibi esse æternam benedictionem, gloriantes se Apostolorum successores.... Quia ejecti sunt de ec-

clesia catholica, se solos esse Christi Ecclesiam et Christi discipulos adfirmant (Ivonet. et Reinerus. c. V).

(2) Solus Deus est, ut dicunt., qui potest excommunicare (De Borb.) Dicunt etiam quod immundus non potest alium mundare, nec ligatus alium solvere, nec reus reo judicem sibi iratum placare (Ivonet.)

(3) Sicut ait beatus Leo, licet ecclesiastica disciplina.... cruentas effugiat ultiones, catholicorum tamen principum constitutionibus adjuvatur.... (Concil. Later. III. can. 10. Voir Faber p. 220).

(4) Voir ce décret du pape Lucius III. (a. 1184) dans Faber. The anc. Vallens. pp. 515, 516, 517).

## CHAPITRE X

(1) Voir le décret d'Alphonse d'Arragon dans Hahn p. 704.

(2) De hæreticis autem qui vocantur Vadoys... præcipimus. (Hahn p. 63).

(3). Ad. Blair. Hist. of the Valdenses. Tom. I. p. 278.

(4) Postea, in provinciæ terra et Lombardiæ, cum aliis hæreticis se admiscentes, et errorem eorum bibentes et serentes, hæretici sunt judicati. (St. Borbon. De sept. Donis. a. circiter 1220).

(5) Currente (anno) 1220.... statutum est quod si quis vel si qua hospitaretur aliquem vel aliquam Valdensem vel Valdensam, se sciente in posse Pinarolii.... (Liber Statut. civ. Pinarolii dans *Recherch. sur l'Orig.* p. 490).

(6) Sur l'existence de dissidents venus de France au royaume de Naples dès avant l'année 1266. Voir Vegezzi-Ruscalla. Colonia Piemontese in Calabria, — et F. de Boni, L'Inquisiz. e i Calabro-Valdesi. Milano 1864).

(7) V. AD. BLAIR, tom. I, p. 255. C'était vers l'an 1188. Philippe-Auguste, né en 1165, régna de 1180 à 1223. Après avoir arraché la *Picardie* au comte de Flandre, il renouvela l'alliance de l'église avec la royauté en persécutant les juifs et les hérétiques dans le nord, comme son fils, Louis (plus tard Louis VIII) persécutait les Albigeois dans le midi.

CHAPITRE XI

———

(1) Valdenses solum Scripturæ textum recepisse; traditiones, consilia, pontificum decreta nihil fuisse, id vulgò obtrudentes doctrinam Christi et Apostolorum, sine statutis ecclesiæ, sufficere ad salutem (RICCHINI, ex REINERO). — Quidquid prædicatur, quod per textus Bibliæ non probatur, pro fabulis habent. — Item dicunt quod Sacra Scriptura eundem effectum habeat in vulgari quam

in latino..... — Item Testamenti Novi textum et magnam
partem veteris vulgariter sciunt corde. — Item decre-
tales, et decreta, et dicta et expositiones sanctorum re-
spuunt, et tantum inhærent textui. — Omnes consue-
tudines Ecclesiæ approbatas, quas in Evangelio non
legunt, contemnunt. (REINERUS. Ordin. Præd. )

(2) Solum Deum adorandum putant omni genere ado-
rationis. — Solus Deus est, ut dicunt, qui potest excommunicare (RICCHINI). — Nullum sanctum invocant, nisi
Deum solum. — Quod nemo debet flectere genua sa-
cerdoti. (APOC. 22). — Item. Sanctam Crucem reputant
ut simplex lignum. — Signum sanctæ crucis horrent,
propter supplicium Christi, nec unquam signant se. —
Imagines et picturas dicunt esse idololatricas. (REINERUS).
— Item dicunt quod unum *Pater Noster* plus valeat quam
sonus decem campanarum. (Id.). — Item dicunt de lumine, quod Deus, qui est vera lux, non egeat lumine ;
et ad hoc tantum valere in ecclesiis, ne clerici ibi pedes
lædant (Id).

(3) Dicunt quod omne peccatum est mortale, et nullum veniale. (REINERUS). — Negant purgatorium, dicentes tantum duas esse vias, scilicet unam electorum
ad cœlum, aliam damnatorum ad infernum. (Id.) - Suf-
fragia pro defunctis.... asserunt non prodesse (IVONE-
TUS). — Sed et dimittendorum peccatorum nullam sa-
cerdotes nostros potestatem habere apertè protestantur;
et proinde neque illis confitendum esse affirmant. (CL.

Seyssel. 1517 ). — Item dicunt quod sufficit ad salutem soli Deo confiteri et non homini; et quod exteriores pœnitentiæ non sunt necessariæ ad salutem, sed quando pœnitet quicumque peccator, quantumcumque magna et multa peccata commiserit, si moritur, statim evolat ( Ricchini ).

(4) Hi sunt errores in quibus (Valdenses) infecti sunt, corrupti, et abominabiles in studiis suis, non solum in uno fidei articulo et sacramento, sed in omnibus directe vel indirecte. (St. de Borbone, cité par Ricchini). — — Dicunt omne mendacium esse peccatum, et juramentum similiter (id. ) — Item dicunt quod omne juramentum sit mortale peccatum (Matth. 5).... sit sermo vester: est, est; non, non. — Qui dicit *vere, vel certe,* reputant juramentum.... Imperfectus vero jurat, si cogitur jurare, vel etiam si dicatur sibi forma juramenti (Reinerus). — In omnibus religiosissime se gerunt : mores compositos habent, verba limitata et cauta ; libenter loquuntur de Deo, de sanctis et de virtutibus; de vitiis cavendis, et aliis bonis agendis, ut per hoc meliores habeantur, et, si quis audire eos cœperit.... secretius perfidiæ suæ infundat venenum (Ivonetus sive quidam anonymus in Tract. Paup. de Lugduno ).

————————

## CHAPITRE XII

(1) Dans ces temps-là, on s'était avisé d'appeler du nom de *Vaudès* ceux qu'on voulait faire passer pour *sorciers ;* odieux moyen de perdre ceux auxquels on appliquait ce sobriquet. On sait que Jeanne d'Arc fut brûlée pour crime de *vauderie.* — Voilà pourquoi les Vaudois ou Vaudés préféraient s'appeler « le petit troupeau ».

(2) *Valdo* n'est autre chose que la forme *italienne* du latin *Valdus* tout comme *Arnaldo* est la forme italienne de *Arnaldus.* — Mapeus ( en 1179 ) l'appelle *Valdes ;* Polichdorf ( 1350 ) *Petrus Valdensis.*

(3) Habeo inquisitionem in Bohemia et Polonia contra *Valdenses* sub rege Johanne, circa $1330^m$ Domini annum factam, ubi, inter alia, disertè fit mentio *collectarum ,* quas *fratribus* et *præceptoribus* suis in Lombardiam soliti sunt mittere. In alia inquisitione invenio eos ( Valdenses) esse solitos ex Bohemia, causa discendi theologiam, ad suos præceptores Valdenses, in Lombardiam proficisci, veluti ad scholam seu Academiam quandam. (M. Flac. Illyric. Catal. Test. verit. a. 1562, pp. 638 et 639 ). — Testatur Sylvius ( Æneas Sylvius, deinceps Pius

papa II. natus a. 1405 ). apud Thaboritas Valdensem doctrinam regnasse. ( Id. ibid. p. 641 ).

(4) Claude de Seyssel, archev. de Turin, écrivait contre les Vaudois en 1517, l'année même où Luther afficha ses *Thèses* à la porte de la cathédrale de Wittemberg. Les Vaudois n'avaient donc rien emprunté encore à la Réformation, dont les principes furent, pour la première fois, produits au grand jour par la publication de ces Thèses, le 31 octobre 1517.

(5) Pour les *collections* où se trouvent les documents cités dans les *Notes* qui précèdent celle-ci, l'on peut consulter soit HAHN, Hist. des Vaudois. Stuttgart 1847. pp. 1 à 20, soit MUSTON, l'*Israël des Alpes*, tome 4e. Bibliographie, soit la *Rivista Cristiana* du mois d'août, 1877, art. signé prof. Em. Comba. — Là aussi se trouvent les *titres* complets des ouvrages dont nous n'avons fait que nommer les auteurs.

FIN DES NOTES.

# TABLE DES MATIÈRES



## NOTES

9 782329 027050